MIEDO A LA OSCURIDAD

La odisea de un solitario frente al Atlántico

ALBERT BARGUÉS y FRANCESC CUSÍ

MIEDO A LA OSCURIDAD

La odisea de un solitario frente al Atlántico

EDITORIAL JUVENTUD, S. A.
PROVENÇA, 101 - 08029 BARCELONA

Provença, 101 - 08029 Barcelona
E-mail: editorialjuventud@retemail.es
www.editorialjuventud.com
Primera edición, 2000
ISBN 84-261-3156-5
Depósito legal: B: 24.263-2000
Núm. de edición de E.J.: 9.838
Impreso en España - Printed in Spain
Barna Offset, Venècia, 18 – Barberà del Vallès

PREFACIO

Albert el catalán, hombre discreto de imprescindible presencia.

Sea poniendo a punto el barco del solitario José Luis de Ugarte para dar la vuelta al mundo, sea formando parte del equipo de construcción de mi trimarán..., su presencia siempre nos deja buenos recuerdos. En permanente búsqueda de la luz durante sus Mini-Transats o a lo largo de sus transportes a través del Atlántico. No la luz artificial de los proyectores, sino de la luz natural que podemos encontrar durante las travesías en solitario: la mar es lo que Albert ama sobre todas las cosas. Hombre polivalente, capaz de manejar cuatro lenguas extranjeras con tanta pericia como la jarcia de labor de un barco de regata de altura, Albert es un personaje *imprescindible,* que sabe compartir.

Hombre cálido, padre de familia atento, no cesa de cultivar las relaciones humanas, tratando de que todo el mundo se encuentre bien en su sitio.

Todas sus vivencias humanas y náuticas sólo podían desembocar en un libro de gran interés marcado por la humildad, la pasión y todas las cualidades que Albert posee.

ALAIN GAUTIER

A mi padre y a mi madre.
A Ernes, Eduard y Víctor
A. B.

A Jerònia y Mariona
F. C.

Capítulo 1

LA BOCA DEL LOBO

Al borde del desastre

–Ya lo tienes a punto, Albert. ¿Sales?

–Hombre, Luis, hay 35 nudos, la noche es negra, y ahí fuera hay muchas piedras. Ahora no voy a salir.

–Pero ¿no vas a salir o no vas a hacer la regata?

Ha sido un día largo. Albert nota la tensión. Luis ha trabajado duro, una vez más, para solucionarle un grave problema de última hora. Uno más. Pero a él le envuelve todo el cansancio y el desespero de una jornada que no quisiera haber vivido. Era el día que había esperado con ilusión desde hacía catorce meses. El día que tenía marcado con mayúsculas en su calendario desde hacía más de un año. El día en que debía empezar su segunda Mini-Transat, la travesía del Atlántico en solitario en barcos de menos de 6,50 metros. Era el primer paso hacia su gran sueño, la vuelta al mundo en solitario y sin escalas, la prueba deportiva más dura que existe.

Pero el día de su gran ilusión se está convirtiendo en un gran fiasco y ahora no sabe qué hacer. Está destrozado, desorientado y con ganas de esconderse debajo de una piedra. Que cualquiera decida por él. Pero esa decisión la tiene que tomar él. Aunque le cueste. Aunque defraude a mucha gente. ¿O quizá se defraudará a sí mismo? Tiene que decidir él y tiene que hacerlo sin sentirse presionado. Pero no es fácil.

Es de noche, llueve en Concarneau y el viento ha ido en aumento en las últimas horas. Está en el muelle con Ernes, su mujer. Y allí están sus fieles Luis y Nacho. Ahora se ha establecido ya un temporal, con un viento de fuerza 8 que viene del suroeste, casi exactamente de Finisterre, el primer obstáculo en su camino hacia Lanzarote. Fuera, en el océano, batallan en silencio sus sesenta y nueve compañeros que sí han tomado la salida. O los que quedan de ellos, porque a su alrededor ve los barcos de otros participantes que también han regresado a puerto.

El día había amanecido animado. El viento había calmado un poco, se había establecido en unos 15 nudos, el ideal para navegar, y Concarneau se había despertado como en las grandes ocasiones. Miles y miles de personas se arremolinaban en las calles y sobre todo en la zona del puerto, donde setenta chalados se lanzaban a cruzar el Atlántico en unos botecitos de sólo 6,5 metros que apenas sobresalían medio metro del agua. Y por si esto no bastara, iban a atravesar el charco en solitario y sin poder recibir ayuda ni consejo exterior de ningún tipo.

Albert Bargués era uno de estos chiflados. Llevaba más de un año trabajando para llevar a cabo este proyecto. No era un advenedizo. Ya había corrido esta regata hacía doce años y desde entonces no había dejado de surcar mares y océanos. Eran ya 110.000 las millas navegadas, casi siempre en solitario o con tripulación muy reducida. Ahora enfocaba su regreso a la Mini-Transat como un primer peldaño para lograr lo que desde hacía casi catorce años era su gran objetivo y también su gran frustración al no haber podido llevarlo a cabo: participar en una regata de la vuelta al mundo en solitario.

Albert estaba impaciente, como siempre le sucede en las grandes aglomeraciones, sobre todo en las grandes aglomeraciones en el mar. Lo suyo es navegar y hacerlo en los amplios espacios abiertos. En el océano, sea el que sea. Ya lleva cruzados, y varias veces, todos los grandes mares del mundo, desde el Atlántico al Pacífico, pasando por el Índico y los mares australes, con sus icebergs y sus albatros. Lo suyo es respirar hondo y esforzarse cuando nadie puede ver cómo supera las dificultades. Y aquel día, en Concarneau, había mucha gente, demasiada para su gusto.

Claro que allí estaban Ernes, su mujer; y Eduard y Víctor, sus hijos; y Mercè, su madre; y Luis y Nacho, que habían construido el *Escuela Náutica de Catalunya* en el puerto de Barcelona; y la familia De Vargas, y Eva, y un puñado de amigos que habían ido a despedirle. Apenas los había visto en los casi diez días que llevaba en este bonito rincón de la Bretaña francesa: los medidores habían dictaminado que su quilla era 35 milímetros demasiado larga, y esta minucia le había supuesto una semana de trabajo, escaso sueño y muchos quebraderos de cabeza. La solución no era cortar lo que sobrara, porque allí, en la parte inferior, estaban los 300 kilos de plomo que hacían de contrapeso para que el barco no volcara.

Por suerte, unos años antes estuvo trabajando en CDK, un astillero de Port-la-Forêt, un puerto cercano, y allí llevó su *Escuela Náutica de Catalunya.* A contrarreloj deslaminó la quilla del casco, la recortó, la colocó de nuevo en su sitio y volvió a laminar toda la zona, que debe ser una de las más sólidas del barco.

Hacía apenas cuarenta y ocho horas que había vuelto a poner el *Escuela Náutica de Catalunya* en el agua y hasta el día siguiente no había concluido con los trámites de medición y control de seguridad. Había sido agotador, pues en su interior mantenía la incógnita de si al acortar la quilla superaría la prueba de estabilidad: con el palo en el agua y 45 kilos en la perilla del mástil, el barco debía enderezarse. En Barcelona había superado la prueba sin problemas. Pero ahora la palanca del bulbo era 35 milímetros más corta. Y aunque los arquitectos le habían asegurado que no habría problemas, él era como santo Tomás, necesitaba tocar la evidencia para quedarse tranquilo.

Además, durante toda la semana había sufrido los ataques contra los diez invitados de la organización, diez expertos navegantes –entre los que se encontraba– que no habían necesitado cubrir los trámites de calificación con el barco en el que correrían la regata. Estas diez invitaciones especiales habían supuesto dejar fuera de la línea de salida a otros diez navegantes que sí habían cumplido este trámite y que también tenían el sueño de cruzar el Atlántico en solitario en esta regata de minis. La organización, aplicando lo que el reglamento le autorizaba, mantenía sus *wild cards* porque al tratarse de navegantes más o menos expertos de diversos países, su participación contribuía, y mucho, a extender la repercusión de la regata en todo el mundo.

Albert apenas se había mirado el recorrido costero con el que empezaba la travesía de Concarneau a Puerto Calero, en Lanzarote.

Por la mañana había pasado por casa de su amigo Michel Desjoyeaux, otro navegante solitario, con el que había repasado los últimos mapas meteorológicos y había establecido la táctica a seguir. Se acercaba un fuerte temporal y tendría que enfrentarse a un viento duro del suroeste, justo en la dirección en que debía ir para superar el cabo Finisterre. Tenía que buscar el rumbo que más lo acercara a la punta oeste de Galicia, pero sobre todo tenía que evitar meterse en el fondo de esta cazuela que es el golfo de Vizcaya: si caes dentro del Cantábrico, remontar la costa norte de la península Ibérica cuesta Dios y ayuda.

Albert estaba ultimando sus preparativos a bordo cuando se le acercó una lancha neumática para remolcarlo. A bordo iban Morgane, sobrina de Alain Gautier, el mítico solitario francés, también amigo suyo, y Françoise, del equipo de la organización de la regata. Y con ellas se fue al mar. Iban en medio de una inmensa flota de lanchas, barcas, pesqueros y grandes motoras que rodeaban a los participantes. Faltaban aún algunas horas para el inicio de la regata, pero la línea de salida estaba lejos del puerto y no era cuestión de llegar tarde. Además, cuanto antes se encontrara solo a bordo, mejor.

La lancha se puso proa al viento y él izó la mayor. La vela subió sin problemas por los 12 metros de mástil. Albert se movía con tranquilidad por una cubierta que sería su segunda casa durante los próximos diez o doce días.

Después llegó el turno del foque, que había dejado engarruchado en el estay antes de soltar amarras. Los mosquetones se deslizaron sin problemas por el cable reforzado que aguantaba el mástil por proa. Era el sistema clásico, un tanto antiguo, pero muy fiable. Y Albert lo prefería a los modernos perfiles en cuyo interior se desliza la vela. Las milésimas de velocidad que pudiera perder en aerodinámica las compensaba de sobras con el tiempo ganado por la ausencia de averías o en la facilidad de las maniobras y de las reparaciones.

Las velas ya estaban izadas. Templó primero las drizas y después el pujamen de la mayor. Estaba listo para soltar el cabo de remolque. Cazó las escotas, comprobó que las velas pintaban bien y se puso a seguir al grueso de una flota que seguía avanzando mar adentro. No sabía adónde iba –ni siquiera había tenido tiempo para consultar la carta náutica de la zona para conocer el recorrido costero de la salida–, pero confiaba en que todos iban al mismo sitio.

Por el camino comprobó que su *Escuela Náutica de Catalunya* andaba bien. Era la primera vez que podía comparar su comportamiento con otros minis. Y la verdad es que salía bien parado del envite. Era el último diseño de Finot-Conq, seguramente los gurús en trazar planos para regatas en solitario. Estos prestigiosos arquitectos navales franceses le habían vendido, casi en exclusiva para esta regata, el último resultado de sus estudios. Era una gran muestra de confianza y no pensaba defraudarlos.

De común acuerdo habían prescindido de algunas de las últimas novedades en este tipo de barco, tanto para abaratar los costes de construcción como para disminuir los riesgos de averías. No llevaba, por ejemplo, ninguna quilla pivotante, porque tampoco estaba muy convencido de sus ventajas. Es cierto que se ganaba un poco en estabilidad del barco, pero cuando más rendimiento se le podía sacar, que era en las navegaciones contra el viento, esta ventaja quedaba compensada por la pérdida de profundidad de la quilla como efecto de la pivotación.

También sabía que su casco hubiera podido ser unos kilos más ligero si lo hubiera hecho de fibra de carbono en lugar de fibra de vidrio. Pero las limitaciones presupuestarias también pesaban lo suyo. Pese al patrocinio de la Escuela Náutica de Catalunya y a las ayudas materiales de una serie de proveedores, que le habían regalado material o se lo habían dejado a muy buen precio, a estas alturas ni siquiera tenía cubierta la totalidad de lo que le iba a costar participar en esta regata. Además, él llevaba meses sin cobrar el sueldo que teóricamente tenía asignado.

Albert estaba contento con el trabajo que Luis y Nacho habían realizado durante varios meses en los talleres del Consorci del Far, en el puerto de Barcelona. En los próximos días iba a depender de esta labor, porque si los partes meteorológicos no mentían, el barco se iba a llevar un buen tute.

El *Aberdeen* y el *Institut Curie* llamaron su atención. Los tenía cerca y observó que también ceñían muy bien, porque todos estaban navegando contra el viento. El primero estaba en manos de Andrew Cape, un británicoaustraliano con experiencia como él en la Whitbread, la regata alrededor del mundo con tripulación, y también en la Copa América. El segundo lo llevaba Grégoire

Durousseau, otro buen navegante y empleado de la SNCF, la Renfe francesa.

Empezó a ver barcos que volvían. A gritos le indicaron que se habían pasado de la línea de salida, por lo que viró y desanduvo parte de lo navegado.

Cada vez había más gente. Los gritos sucedían a los improperios. Llegaron las primeras averías, aunque él no se enteró. Un barco de pasajeros abordó al *Pogo* y le rompió un obenque. Christian Bouroullec renegó como nunca lo había hecho y regresó a puerto hecho una furia. Sólo se calmó cuando comprobó que podía reparar en poco más de una hora y volver a zarpar antes de que los rivales se perdieran por el horizonte.

Mientras Bouroullec aún estaba en puerto, los seguidores parecieron apartarse un poco y Albert se metió en el grueso de la flota. Supuso que ya había empezado la regata, aunque él ni siquiera llegó a ver la línea de salida. Por lo menos, no había empezado mal. Había evitado ser abordado –su gran obsesión en estas aglomeraciones–, no había sufrido ningún accidente y no se había descolgado. Pronto llegaría a mar abierto y sus rivales se irían esparciendo a lo ancho del océano.

Su dicha terminó pronto. Los más destacados empezaron a desandar de nuevo sus pasos. Se cruzó con Sébastien Magnen, quien le gritó que habían anulado la salida. Vuelta a empezar. Otra vez los líos de barcos y otra vez la tensión de las aglomeraciones, con los seguidores dando vueltas entre los participantes, que apenas podían ver si se acercaba alguien por debajo de sus velas.

Las nubes cruzaban rápido por un cielo azul que se agradecía después de la tristeza gris de los últimos días. Y también se agradecía el saludo de Bruno Thomas, su mujer Katie y sus hijas Marie y Margot, de trece y once años, que tenían un cultivo de ostras y moluscos y se habían acercado en su barca para desearle suerte.

A lo lejos vio el trimarán *Brocéliande* y supuso que a bordo iban Alain Gautier y Michel Desjoyeaux, con otros amigos. La verdad es que siempre se había sentido bien en esta costa bretona, donde es casi uno más de muchas familias. Luis y Nacho, por ejemplo, habían vivido estos días en casa del hermano de Alain. Y él, su mujer y sus dos hijos se habían alojado en Beg Meil, en casa de los De Vargas.

De la segunda salida, Albert ni se enteró. De repente se dio cuenta de que había empezado la regata: iba el segundo... por la cola. Se consoló pensando que siempre podía haber sido peor, pues al menos su barco seguía entero. Ahora quedaba el recorrido costero. Y, como había hecho antes, se puso a seguir al grueso de la flota. Los primeros le habían sacado ya una buena ventaja, porque empezaron a cruzarlo después de haber doblado la primera baliza. Tenía que dejarles paso, porque él iba amurado a babor y los primeros volvían amurados a estribor.

Estaba descontrolado y llevaba el barco francamente mal. Él mismo se daba cuenta, pero no era el momento de pensar. Ya habría tiempo de ponerse las pilas. De momento, se limitaba a seguir a ciegas al barco que tenía delante. Éste viró y él también lo hizo. Vio que tenía unas rocas cerca y lo hizo antes de llegar a ellas. Pero al barco le faltaba arrancada. No quería cruzar la línea del viento. Y tampoco podía arribar, porque se echaba sobre las piedras. Los segundos pasaban, el barco no respondía a los golpes de timón e iba derivando hacia el bajo fondo inexorablemente. Un sudor frío empezó a recorrerle la espalda hasta que oyó el crujido de la quilla sobre la roca. Con la mano podía tocar la parte superior de la piedra.

Se sentó en cubierta con la cabeza entre las manos. Por suerte, una lancha neumática cercana se dio cuenta de su situación y se le acercó.

–¡Venga, venga!

Las palabras de ánimo llegaron acompañadas por un cabo, que agarró con las manos y, de pie en la proa, les apremió.

–¡Tirad, tirad!

No quería ni siquiera esperar a amarrar el cabo en alguna cornamusa. Los segundos eran vitales y los crujidos de la quilla sobre la roca le desgarraban el corazón.

Por suerte, con un par de tirones el *Escuela Náutica de Catalunya* volvió a quedar a flote. Soltó el cabo en el aire e inmediatamente tomó una decisión. Estaba a 300 metros de la bocana del puerto –el recorrido de la salida los obligaba a pasar por allí para que desde tierra se pudiera ver de cerca a los setenta participantes en plena acción– y no quería lanzarse al océano sin saber cómo estaba la quilla. Los golpes podían haberla afectado seriamente, sobre todo después de haber reconstruido su unión con el casco apenas unos días antes por el problema de la medición.

Albert no estaba cómodo a bordo, pero tenía que reaccionar. Abrió las velas, arrió la mayor y entró en el puerto con el foque flameando para reducir la velocidad. Vio a Willy García y lo llamó para que se acercase y lo ayudase a atracar. Se arrimó al muelle, vio a su hijo, y de repente se dio cuenta de la velocidad a la que iba. Estaba entrando la marea y no supo calcular la fuerza de la corriente hasta que oyó el crujido del casco al golpear un hierro que salía del pontón.

CAPÍTULO 2

LOS AMIGOS
La reflexión

Entró de un salto en la cabina y pudo comprobar el desastre: desde allí podía ver perfectamente el exterior a través del agujero que acababa de hacer. El golpe había sido junto a una de las omegas de refuerzo del casco, aunque por suerte no parecía haberla afectado. Albert se sentó en el suelo. Estaba destrozado. Vio a Willy ponerse un traje de neopreno y entre sueños se dio cuenta de que su amigo se tiraba al agua para inspeccionar la quilla. Ángel Rojas entró a bordo e intentó animarlo con unos golpes en la espalda, pero se encontró con la respuesta de un hombre hundido.

–Ángel, no sé si debo correr esta regata. Hay demasiadas cosas que me están saliendo mal y no sé si todas juntas no me están diciendo que esta vez no debo salir.

En el muelle se amontonaban los suyos. Allí lo esperaba Ernes y allí llegaron Luis y Nacho, que se habían apresurado a regresar rápidamente a tierra al ver que el *Escuela Náutica de Catalunya* entraba en puerto. Albert los oía desde el interior de la cabina y se impuso dar la cara. Subió a cubierta y los saludó. Se esforzó en sonreír, pero su cara desvelaba su hundimiento moral.

–Tranquilo, Albert, los juicios suelen ganarse en las apelaciones.

Era José Manuel, que venía a despedirse. Debía tomar el avión de regreso a Barcelona, pero tuvo tiempo de saludarlo y decirle la palabra adecuada. Albert sabía que tenía que reaccionar. Entre todos amarraron bien el barco con el agujero junto al pantalán para poder repararlo.

Víctor, su hijo pequeño, preguntaba a su madre qué podía hacer para ayudar y Ernes le insistía en que aquél no era el momento. Albert se le acercó y lo abrazó medio llorando.

–Víctor, tu padre está muy triste.

–No es verdad, estás bromeando.

Los ojos de Albert se humedecieron.

–No, esta vez Albert no bromea. Está muy triste y preocupado.

El niño comprendió el mensaje y se quedó tanto o más compungido que su padre.

Luis se hizo cargo de la situación.

–Vete a cenar con tu mujer, que esto lo arreglamos Nacho y yo. No te preocupes de nada. Consíguenos el material y a ver qué podemos hacer.

Era domingo por la tarde, todo estaba cerrado y buena parte de los habitantes de Concarneau estaban en el agua o en los acantilados para despedir a los solitarios que se iban a cruzar el Atlántico.

Albert volvió a Port-la-Forêt. El astillero donde había trabajado hacía unos años y donde hasta el viernes estuvo reparando el *Escuela Náutica de Catalunya* estaba cerrado. Pero sabía dónde vivía su director, Hubert Desjoyeaux, hermano de Michel.

–He agujereado el casco y necesito resina y fibra con urgencia.

No hicieron falta más palabras. Hubert cogió las llaves y juntos fueron al astillero. Recogió el material que necesitaba y volvió a recorrer la carretera costera hacia Concarneau en el coche de Ioan. Eduard no se apartaba de su lado, pero no despegaba los labios. Estaba serio. Sabía que su padre lo estaba pasando mal y quería ayudarlo. No sabía cómo, pero no quería dejarlo solo. Al menos, le daría la fuerza que pudiera.

Ya era de noche y había empezado a llover. Con la lluvia llegó la primera ráfaga de viento fuerte. Lo hizo con absoluta puntualidad, según el horario anunciado por Météo France. Albert sabía que el viento seguiría subiendo. Se lo decían sus conocimientos de marino y lo decían también los meteorólogos.

Dejó la resina y la fibra en manos de Luis y llevó a sus hijos con los De Vargas. Él se metió en una pizzería con Ernes. Estaba cabizbajo, preocupado, triste y sin saber qué hacer. No quería pensar, pero sabía que debía hacerlo. Tenía que pensar y tomar decisiones, pero le costaba. En la mesa de al lado vio al equipo de apoyo del *Aberdeen,* el barco de Andrew Cape; y un poco más lejos comían los patrocinadores del *Créaline*.

Se sentía extraño. Él estaba en tierra, cenando en una pizzería, cuando su sitio estaba ahí fuera, como sus compañeros, luchando en la oscuridad, bajo la lluvia, tomando rizos a las velas a medida que subía el viento. Y él, en cambio, estaba seco, podía comer caliente y no estaba solo.

Estaba con Ernes, que lo observaba preocupada. Ella sabía muy bien que una sola palabra suya y Albert se volvía a Barcelona en coche con ella. Sabía que Albert se estaba planteando si valía la pena todo el esfuerzo que había hecho; si valía la pena seguir persiguiendo un sueño que se le resistía; si no debería renunciar a una travesía que ya había hecho y que se estaba convirtiendo en una inacabable carrera de obstáculos antes de empezar; si no eran demasiados los signos que le decían que no saliera; si tantas dificultades no eran el presagio de que un desastre definitivo lo esperaba en el mar si se empeñaba en desoír tantos mensajes.

Pero Ernes también sabía que si Albert tiraba la toalla nunca volvería a ser su Albert. Siempre lo había conocido rodeado de barcos y no se lo imaginaba de otra forma. Sabía que para retenerlo lo debía dejar zarpar de vez en cuando; así, cada vuelta era un volver a empezar que felizmente nunca se acababa.

Claro que le gustaría tenerlo siempre a su lado. Y a los niños también. Pero era consciente de que Albert se sentiría encerrado en una jaula si no podía seguir soñando con el mar.

–Tranquilo, ahora no puedes pensar. Estás cansado. Espérate. Ya verás cómo mañana todo será distinto.

Albert escuchaba. Escuchaba a Ernes. En momentos así, sus consejos y sus opiniones habían resultado siempre ser un gran acierto.

11 de octubre de 1997. El Havre

Quedan pocas horas para largar amarras. El viento arrecia violentamente dentro del puerto de El Havre y en la última reunión de patrones de hace un rato los meteorólogos nos han advertido de unos primeros días movidos, por no decir agitados, con fuertes vientos de proa de más de 40 nudos.

Llamo a casa y hablo con Ernes por teléfono. Quiero decirle adiós. Decirle hasta pronto. Decirle lo mucho que deseo estar a su lado. Empiezo a hablar, pero no puedo extenderme más. Soy breve y cuelgo. Siento un nudo en el estómago que va subiendo hasta bloquearme la garganta. Siento que las lágrimas quieren salir de mis ojos. Discretamente me quito las gafas, me froto los ojos y salgo disimuladamente de la sala de prensa desde donde, aprovechando la confusión, he llamado a mi casa. Hay mucha gente y no es cuestión de montar un espectáculo.

Al poco rato, inmerso de nuevo en las tareas y en la dinámica de la salida, aparto de mi cabeza cualquier pensamiento que pueda afectarme. Pero no es fácil. Este año 97 ha sido especialmente duro en lo que a alejamiento de mi hogar se refiere. En febrero, Alain Gautier me pidió que trabajase para él en la construcción de su trimarán de 60 pies *Brocéliande*. Tras ocho meses viviendo y trabajando en la Bretaña, a mediados de septiembre por fin regresé a Barcelona. Apenas una semana después volvía a irme. Nandor Fa, el navegante húngaro, me ofrecía la oportunidad de ser su compañero en la Transat Jacques Vabre. Pero no sólo eso, sino que, además, me brindaba la oportunidad de regresar en solitario desde Cartagena de Indias, en Colombia, donde finalizaba la regata, hasta España. ¿Qué más podía pedir? Casi 10.000 millas sin parar en un 60 pies maravilloso, y de ellas casi 5.000 iba a hacerlas en solitario. Lo que tantas veces había yo soñado lo tenía al alcance de la mano. ¿Iba ahora a despreciarlo? La decisión parecía evidente, pero no era fácil. Anhelaba lo que tenía ante mí y anhelaba estar en casa.

La lógica se impone y aquí estoy, en El Havre, presto a largar amarras.

Esas lágrimas que asoman en mis ojos son fruto de la tensión de todo lo que me espera. Ir hasta Colombia y desde allí volver solo. No tengo vuelta atrás. Está claro que me he comprometido y, llegados a Cartagena de Indias, deberé emprender la ruta de regreso en solitario con este monstruo de barco y en una época del año que no es la más propicia. Y eso ya lo había hecho antes en doble, pero en solitario... las cosas son muy distintas. Siento el miedo de todo lo que me espera. Siento el miedo de un montón de cosas que no controlo.

Ernes lo intuye en nuestra corta charla telefónica. Sus palabras son sabias y me seguirán a lo largo de toda la regata: "Date tiempo, Albert. Date tiempo".

Cuánta razón...

Albert siguió escuchando. Sabía que al día siguiente podía llegar el temporal y quizá sería peor. Pero ahora no tenía fuerzas. Y tampoco sabía si las iba a tener mañana. Estaba cansado. Eran ya muchos los meses de lucha. Y todo para cometer dos errores de principiante en menos de una hora. Sí, era cierto que él se había formado en el Mediterráneo, donde no hay corrientes de marea, pero esto no era excusa para no saber apreciar lo que sucede cuando entra la marea en un puerto.

Sonó el teléfono. Era su móvil. Lo cogió con desgana. No tenía ganas de hablar. Pero lo descolgó por inercia. Era Alain Gautier, su amigo, su patrón de varias regatas, el que confiaba en él para que le trasladara el barco después de sus travesías, el que le confiaba también algunas reparaciones en sus máquinas de ganar. Alain era un amigo, pero también era algo más. Era un poco un ídolo, un navegante solitario que había conseguido todo lo que él deseaba para sí mismo. No sólo había corrido la Vendée Globe, la vuelta al mundo en solitario, sino que la había ganado: ciento nueve días para dar la vuelta al planeta, a vela, solo y sin romper el barco.

–Ánimo, eso no es nada. Luis y Nacho te tapan el agujero y te vas al agua como si nada hubiera pasado. Unas horas de retraso no son nada cuando hay 1.400 millas hasta Lanzarote, y con tu experiencia las puedes recuperar.

–Alain, la verdad es que no sé ni siquiera si voy a salir. Me estoy planteando si vale la pena correr la regata.

La experiencia de Gautier captó inmediatamente la gravedad de la situación. Una depresión pasajera podía llevar a decisiones que más tarde podemos lamentar toda la vida.

–Ni hablar. Decepcionarías a mucha gente que confiamos en ti. Pero lo peor es que te decepcionarías a ti mismo y no te lo perdonarías nunca.

Las palabras de Alain dieron en la diana. Albert las agradeció, pero le dolían. Y dolían porque sabía que su amigo tenía razón. Como siempre. Pero le costaba reconocerlo. Le daba mucha pereza reconocerlo. Aquí, él estaba ahora caliente, seco, se sentía bien con Ernes. ¿Por qué tenía que dejarla? ¿Por qué no volver al día siguiente a Barcelona con ella? Fuera el viento arreciaba y ya estaba establecido en los 30 nudos. Para los minibarcos, era un verdadero temporal, sobre todo porque venía de proa y estos barcos navegan muy mal contra el viento. Están pensados para volar a favor de los alisios, pero no para enfrentarse con un temporal del morro en el golfo de Vizcaya.

Al salir de la pizzería se encontró con Santi Serrat, el periodista que le había montado la *web* para que sus seguidores pudieran saber dónde estaba cada día durante la regata. Pero Santi era también un regatista. Y sabía lo que es el mar. No hacían falta explicaciones para que adivinara qué pasaba por la cabeza de Albert.

–Tú, tranquilo. No te obsesiones con nada y decide lo que tengas que decidir. Y si hay temporal, no fuerces la máquina más de lo que toca.

Era el mensaje contrario del que acababa de darle Alain. Era la voz del *seny* y también tenía su parte de razón. ¿Quién lo mandaba a él meterse en esos berenjenales, cuando se sentía tan a gusto con Ernes y con sus hijos?

Volvieron al puerto. Se acercaron al pantalán donde Luis y Nacho estaban recogiendo los trastos. Habían hecho un trabajo muy profesional. Rápido, fuerte, fiable. Como siempre.

Y en ésas llega Luis con sus apremios.

–Ya lo tienes a punto, Albert. ¿Sales?

La pregunta es un golpe bajo. Es más dura que los pinchazos del viento y la lluvia sobre la cara en esta noche otoñal. Albert no quiere defraudarlo, pero quiere estar seguro de qué rumbo da a su vida. Aunque defraude a alguien por el camino. O, como acaba de decirle Alain, se defraude a sí mismo. ¿Correrá o no correrá esta Mini-Transat en la que ha invertido tantas energías antes de empezar?

–No me fuerces, ahora no me fuerces y déjame descansar. Ya veremos mañana.

Albert apenas ve la cara de Luis en la oscuridad, pero es consciente de su decepción. Luis es un vasco acostumbrado a no arrugarse ante las dificultades. Es de la misma especie que su suegro, José Luis de Ugarte, el único español que ha dado dos veces la vuelta al mundo en solitario, ambas en regata, a sus más de sesenta años.

Sabe que si al final tira la toalla, Luis y Nacho se sentirán muy decepcionados y siempre le podrán echar en cara que los dejó en la estacada. Le son fieles, como él lo es con ellos, y esto pesa. Pero esta vez tiene que decidir por sí mismo, no en función de los demás. Al final es su propia vida, la forma en que quiere vivir, y si se ve con fuerzas de arriesgarla ahora, contra el temporal y contra tantos signos contrarios. ¿No es una forma de alertarlo de que ésta no es su regata?

Por su cabeza pasan los catorce meses de preparación.

Capítulo 3

EL ESFUERZO
La preparación

Todo empezó con otra decepción. Cuando ya tenía un barco de 60 pies, cuando le prometían que llegaría un patrocinador, cuando ya tenía la cabeza metida en los preparativos para correr la Around Alone, la vuelta al mundo en solitario en cuatro etapas, se quedó sin nada. El patrocinador prometido se esfumó y él tuvo que entregar el *Budapest* que se había traído desde Cartagena de Indias a Barcelona.

Entonces se le ocurrió la idea. No iba a quedarse de brazos cruzados esperando que llegara algún patrocinador. Faltaban dos años para la siguiente vuelta al mundo en solitario. Entre medio, se corría la Mini-Transat. Ya la había corrido una vez, en 1987, y podía ser una buena forma de navegar y de hacer ver a los posibles patrocinadores que valía la pena apoyarlo. Y si al final ninguna empresa le daba el dinero que necesitaba, era un proyecto que no requería grandes medios y, si hacía falta, estaba dispuesto a endeudarse, aunque fuera hasta las cejas.

Allí, jugando en la piscina con Eduard y Víctor, tomó la decisión. Pronto se puso manos a la obra. Contactó con Luis y le preguntó si estaría dispuesto a trabajar con él para construir un mini. La respuesta afirmativa le dio ánimos. Quería construir un barco de un buen arquitecto, que le diera garantías.

Después se organizó. Tenía cuatro frentes que cubrir. Desde conseguir un poco de dinero para poner en marcha la construcción del barco hasta contactar con posibles proveedores para que le dieran material o se lo dejaran a precio de favor, pasando por contactar con medios de comunicación dispuestos a apoyarlo y sobre todo hallar uno o varios patrocinadores.

Los meses se le hicieron muy cortos. Las gestiones se multiplicaron. Y al final pasó lo que pasa casi siempre. Que no pudo terminar todo lo que se había propuesto. Lo que más falló fueron los entrenamientos que había planeado con su nuevo barco. Sencillamente, le había faltado tiempo, porque había tenido que multiplicar las gestiones en busca de patrocinadores.

Pero no era cuestión de quejarse. Había construido un barco; era un diseño Finot-Conq, el único diseño Finot-Conq del 99 que iba a correr esta Mini-Transat; había conseguido un patrocinador, aunque la Escuela Náutica de Catalunya no se había podido hacer cargo de todo el proyecto y no había logrado nadie más para completar su presupuesto. O sea que se había tenido que endeudar.

Pero había sido también un año muy interesante. Estaba consiguiendo más repercusión mediática que nunca. Estaba en el buen camino. O al menos eso esperaba.

La lista de industriales que le apoyaba le había sorprendido. Casi todos los proveedores que contactó le echaron una mano. Algunos le echaron bastante más que una mano. Empezando por Bernat Calpe, por ejemplo. Lo conocía desde hacía varios años, cuando era estudiante de ingeniería industrial y lo ayudó en la construcción del *Mundus*. Con el tiempo se había especializado en *composites* de alta tecnología y ahora le había construido la quilla, la orza antideriva de proa, el botalón, los separadores del *spinnaker,* la caña y los timones, que incorporan un sistema novedoso de seguridad en caso de choque. Todo ello gratis.

No había sido el único. Muchos otros le habían facilitado material, tecnología y servicios, gratis o a precio de coste. Había sido un apoyo que difícilmente podrá agradecer lo suficiente. También se había llevado algunos chascos, pero esto era normal y no había que obstinarse.

Mejor era recordar los momentos felices. Como cuando Ernes apadrinó el barco, en una ceremonia íntima, reservada a los amigos, unos meses antes de la botadura pública, con cámaras y demás. Era la primera vez que Ernes apadrinaba un barco suyo. Lo hizo con ilusión y él se sintió feliz de ver aquellas decenas de amigos a su alrededor. Faltaban casi tres meses para la salida y el proyecto parecía insumergible.

Tres semanas antes de la salida, la Escuela Náutica de Catalunya organizó el acto oficial de la botadura en el Port Olímpic. Tomàs Molina, uno de los «hombres del tiempo» de TV3 más carismáticos, rompió la botella de cava.

Unos días después, Albert inició el viaje por carretera con el coche y el largo remolque de Robert Vallribera. Fueron dos días que marcaron el final de una etapa. Lo más difícil ya había quedado atrás. Ahora le aguardaba la parte buena, la que más le gustaba, la que mejor sabía: navegar.

¡Qué equivocado estaba! Al llegar a Concarneau, llevó el barco a pasar la revisión de rigor. Estaba tranquilo. En Barcelona ya lo había medido y todo estaba en regla. Se trataba de cumplir el trámite y aprovechar la semana que le quedaba para descansar un poco antes del inicio de la primera etapa.

En la primera medición se llevó la gran sorpresa: el calado era excesivo. La quilla se hundía 2.035 milímetros por debajo de la línea de flotación y no podía sobrepasar los 2.000 milímetros.

No tenía sentido seguir la inspección. Había que arreglar aquella anomalía con urgencia. Era una cuestión grave y complicada de solucionar.

Regresó de inmediato a Port-la-Forêt.

Los hermanos Desjoyeaux y Nacho Pella estuvieron con él en esos momentos difíciles. Albert contactó con el equipo de diseño de Finot-Conq y con Bernat Calpe, que había construido la quilla. Lo ideal hubiera sido desencolar el bulbo después de sacarle los tornillos pasantes. Pero para lograrlo había que hacer una fuerza de 16 toneladas y el barco no lo hubiera aguantado.

Al final se impuso la solución que él había visto más clara desde el primer momento. Como no se podía cortar la quilla por abajo, la cortaría por arriba. Y ello suponía deslaminar toda la unión quilla-casco. Un trabajo duro, sucio y largo, que realizó mano a mano con Nacho y que no terminó hasta bien entrado el martes.

Por suerte llegó Luis. Cortaron la quilla y la volvieron a laminar. Había que asegurarse de que la quilla quedaba de nuevo bien centrada y, sobre todo, que el calado no excedía de los dos metros fatídicos.

Había que dejar curar la resina, limpiar el barco –el polvillo de las molas al rascar la fibra se mete por todos los rincones–, volver a cargarlo –lo habían vaciado antes de ponerse a trabajar– y regresar remolcado a Concarneau para iniciar de nuevo la medición.

Esta vez sí que fue un trámite y pasó sin problemas los distintos controles. Eso sí, con la lengua fuera. Lo que los demás habían realizado en una semana y media, él lo hizo en veinticuatro horas.

Lo primero fue verificar el calado y la prueba de adrizamiento. Por mucho que Conq le había garantizado que la superaría sin problemas pese a que el brazo de la palanca del bulbo era 35 milímetros más corta, no las tenía todas consigo. Cuando vio que el palo levantaba sin problema los 45 kilos que le habían colocado en su perilla a ras de agua, se quitó un peso de encima.

Ahora sí que se vio en la línea de salida. Aunque tuviera que afrontar un nuevo *sprint*. Por suerte, los amigos que habían venido a despedirlo se pusieron manos a la obra. Unos llevaban velas a medir. Otros ayudaban en las comprobaciones de los equipos de seguridad. Otros empaquetaban comida.Todos colaboraban.

Sabía que lo más difícil era llegar a la línea de salida, pero nunca se hubiera imaginado que los problemas le perseguirían en Concarneau. Los pensamientos se agolpan en su cabeza al final del frustrante día de la salida mientras regresa con Ernes, de noche y bajo la lluvia, a la casa de los De Vargas. La pizza estaba muy buena. Sabe que en las próximas dos semanas no podrá comer ninguna. Sin darse cuenta acaba de tomar la decisión de hacerse a la mar a la mañana siguiente.

Capítulo 4

FRÍO
Rumbo al océano

Albert se levanta temprano. Pese a la tormenta que anoche tenía en su cabeza, no le costó mucho dormirse. Forma parte de su entrenamiento. En el mar, cuando puede descansar, se tiene que conformar a veces con cabezaditas de unos pocos minutos y relajarse en cuestión de segundos. En la cama es mucho más fácil.

De todas formas, durante la noche se ha levantado un par de veces y ha mirado por la ventana. Sigue haciendo mucho viento, aunque quizás ha amainado un poco desde anoche. Lo comprueba mirando los árboles a través de los cristales.

En cuanto pone el pie en el suelo se nota distinto. Está ya metido en su mundo. Se despide de Ernes, que ha retrasado un día su vuelta al trabajo para estar a su lado y apoyarlo en su decisión, coge el coche y se va directamente a casa de Michel. Ha quedado con él para repasar los últimos partes meteorológicos.

Michel nunca falla. A las ocho y media se ha estudiado todos los análisis de esta madrugada y le tiene los mapas preparados. Sus tres hijos lo esperan para ir al colegio mientras miran curiosos a su padre y a Albert inclinados sobre un montón de mapas llenos de líneas de isobaras y frentes. El viento ha calmado un poco: sopla entre 25 y 30 nudos, en lugar de los 35-40 de anoche.

–Ahora tienes una pequeña ventana para salir. Yo creo que sólo durará unas horas, hasta que arrecie de nuevo. Entonces ya no se podrá salir de Concarneau. Y ya veremos cuántos días durará.

La depresión que se acerca por el oeste es muy profunda. Es

la más fuerte en lo que llevamos de otoño y no tiene nada que envidiar a las que arrasarán el golfo de Vizcaya en los próximos meses. O sale ahora o más vale que se olvide. De quedar bien clasificado en la regata, ya se puede olvidar ahora. Los líderes están ya muy lejos, casi un día por delante. Pero al menos no defraudará a quienes tanto le han ayudado. Es imprescindible no fallarles ahora si quiere que le sigan ayudando en el futuro.

Se nota muy concentrado mientras se dirige a la oficina de Loïc Ponceau, el director de la Mini-Transat. Desde la carretera que bordea la costa ve a tres o cuatro barcos que zarpan en aquel momento. No será, pues, el único que salga con tanto retraso. Él zarpará un poco más tarde, pero ¿qué son dieciocho o veinte horas en una regata de 4.200 millas?

–Loïc, voy a salir.

–De acuerdo, te mando una lancha para que te ayude a salir de puerto.

Loïc se quita un peso de encima. Al menos, Albert no le fallará. Temía que a las primeras de cambio se retirara una de las diez invitaciones directas de la organización. Pero el director de la Mini-Transat está preocupado. Las cosas no van demasiado bien. En la salida no hubo ningún accidente grave, aunque sí infinidad de percances. El primer susto lo tuvo cuando vio que Lionel Lemonchois volvía a puerto. Por suerte sólo entró en Concarneau para recoger la orza, que había perdido en una maniobra y que un barco seguidor le recogió del agua. Pero como está prohibida toda ayuda exterior fuera de puerto, tuvo que entregarla en el muelle.

Aquél fue el primer susto. Pero después hubo más. Un total de catorce barcos regresaron a puerto. Algunos ya han vuelto a zarpar. Nick Moloney –otro *wild card*– lo hizo a las diez de la noche tras reparar los desperfectos de un abordaje antes de la salida. Otros tardarán más en volver a hacerse a la mar, como André Jantet y Jean Huard, porque los golpes que recibieron son más fuertes.

Loïc sabe que esto entra dentro de la normalidad de este tipo de salidas-espectáculo masivas que tanto entusiasman a los franceses. Y sabe sobre todo que estos pequeños problemas no son nada comparados con lo que le espera. Sabe que los minis son barcos fuertes, marineros, pero es consciente de que son muy pequeños y están más concebidos para planear delante de los alisios que para enfrentarse a un temporal de proa en el Atlántico Norte. Además, buena parte de los participantes son muy jóvenes y se enfrentan a su primera gran navegación oceánica. Por esto se ha alegrado de que uno de los más veteranos, Albert, no le falle y vuelva a zarpar.

En el fondo confía en que no se repita el desastre de la edición del 93, cuando se tuvo que suspender la primera etapa un día después de la salida, con siete barcos hundidos, la flota diezmada y desperdigada por infinitos puertos. ¿Tenía que haber aplazado la salida? Cree que no, pero el futuro que le espera no es nada halagador.

Cuando Albert llega al pantalán donde le aguarda el *Escuela Náutica de Catalunya*, Luis y Nacho ya están allí. Nadie se refiere a la conversación de anoche. La respuesta que Luis esperaba se la están dando los hechos. Y tampoco es un hombre de muchas palabras.

Albert ha llegado con las botas puestas y se está poniendo el traje de agua. Están engarruchando el foque cuando llegan Pierre Gautier y Françoise, su mujer. Viven justo enfrente del puerto y seguro que conocen las dudas de anoche: Pierre es hermano de Alain y además Luis y Nacho están viviendo en su casa.

–¿Ya te vas?

Pierre se alegra mucho de la decisión de Albert y se propone evitar cualquier tentación de que se lo repiense. Ahora hace mucho viento, pero aún se puede ceñir y alejarse mar adentro, en busca de aguas profundas. Dentro de unas pocas horas quizá sea demasiado tarde.

Pierre desaparece y vuelve al cabo de dos minutos. Pero esta vez no viene andando, sino a bordo de la barca de un amigo.

–Venga, toma el cabo. Soltad las amarras.

Son órdenes que no admiten discusión. No hay tiempo para despedidas. Como si lo estuviera echando del puerto, Pierre coge el *Escuela Náutica de Catalunya* a remolque. No corre, para dar tiempo a que Albert ice la vela y tome dos rizos en la mayor. Fuera del refugio de la escollera, hace mucho viento y las olas rompen alegremente. Ahora es el foque el que sube por el estay. Albert aclara el espagueti de cabos, tensa las velas y Pierre suelta el remolque.

–¡No, por aquí no, que hay piedras!

El *Escuela Náutica de Catalunya* volvía a aproar a las mismas rocas en las que embarrancó ayer. Esta vez Pierre ha podido alertar a tiempo a Albert. Un brazo en alto para decir adiós, el otro en la caña; un ojo en su amigo –¿hasta cuándo no volverá a ver a nadie?– y otro en la vela para mantener el rumbo.

Y vuelta a empezar. Esta vez está solo. No hay ningún barco seguidor. No hay ningún espectador. Pero tampoco ningún compañero de regatas. Los minis que han zarpado esta mañana se han perdido ya tras el horizonte. No se ve ni una sola vela. Claro que tampoco el día permite ver muy lejos. Está tapado, llueve sin cesar y el viento cargado de la humedad del Atlántico tampoco colabora en mejorar la visibilidad.

Albert es honesto y se propone realizar el recorrido completo de la salida. Una tras otra, va doblando las boyas que exige la organización. Es una verdadera lata. Pero éste es el espíritu de los solitarios. Cumplen las reglas por respeto a uno mismo y a los rivales. Todos confían en la honestidad de los demás. Sin esto, las regatas de solitario no tendrían ningún sentido. Se trata de ganar, pero también de hacerlo sin trampa ni cartón. Tanta es la confianza mutua, que romperla significa la expulsión ignominiosa de esta verdadera comunidad. A los tramposos nadie los quiere. Es quizás uno de los últimos reductos de franqueza de esta sociedad tan hipócrita.

El paso de Karek Greis, la última baliza, se hace eterno. Mira hacia ella con el rabillo del ojo para saber cuándo puede virar para superarla y dejarla por babor, como exige el recorrido. Parece que ya la pasa, pero Albert sigue ciñendo un poco más. Ahora vira. Se acerca a Karek Greis, pero la corriente lo hace derivar inexorablemente. No, no pasa. Tendrá que volver a virar.

Así una y otra vez. La corriente entrante de marea es muy fuerte. Y como está cerca de un bajo fondo, en el canal acelera más de lo que parece.

Albert se pregunta qué está haciendo. Está solo, absolutamente solo. A su alrededor sólo hay viento y mar. ¿Qué más da que pase cinco metros a babor o cinco metros a estribor de Karek Greis? Será la inercia, pero no quiere dejar la baliza por el lado que no toca.

En el fondo, le importa muy poco por qué lado pase la baliza. Lo que está deseando desde hace unas cuantas horas es que se le rompa un obenque, que se le caiga el palo y así poder volver a casa inmediatamente y hacerlo con la cabeza alta, sin defraudar a nadie. Tiene ganas de echarlo todo por la borda, pero no quiere –¿o no se atreve?– ser él quien tome esta decisión, sino que sean las circunstancias quienes le obliguen a renunciar. No correría la Mini-Transat, pero sería sólo por imponderables. Y dentro de un par de días estaría en casa con Ernes, Eduard y Víctor.

Albert mira el palo, con la secreta esperanza de que se rompa. Pero es difícil que falle un obenque. En Barcelona, aconsejado por Robert Vallribera, reforzó la jarcia aumentando un milímetro el diámetro de los cables recomendado por el arquitecto.

Así van pasando las horas. Hasta seis. Desde las once de la mañana hasta las cinco de la tarde. El sol está a punto de lamer el horizonte cuando por fin el *Escuela Náutica de Catalunya* deja Karek Greis por babor. Ya está. Ahora, proa al océano, proa a mar abierto.

Albert se desnuda lentamente. Se pone el traje de neopreno, el traje de supervivencia. Sabe lo que le espera y se prepara concienzudamente. Estando solo en el barco todas las decisiones las tiene que tomar él, incluso cuál es la mejor indumentaria para protegerse del frío y del agua. También es cierto que en este tema a veces es poco recomendable hacer caso de algunos compañeros de travesía.

24 de diciembre de 1985. A bordo del *Fortuna Lights.*
Océano Índico Sur

–¡Rápido Albert! El viento está subiendo y hay que hacer un *peeling*.

Abrí rápidamente la mordaza del aparejillo que sostenía mi litera, dejé que ésta bajara un poco, aparté mis dos mantas y me deslicé por el pequeño espacio que quedaba entre la cubierta y la litera. El suelo estaba frío y mi costumbre de dormir completamente desnudo me obligaba a no entretenerme demasiado en el proceso de vestirme. Tras ponerme la ropa interior de Thermolactyl (aquélla del "¿Frío yo? Nunca") me acerqué al tambucho y sacando la cabeza por él pude ver que la noche, aun habiendo bastantes nubes, era suficientemente clara. La luna se hacía notar. A la rueda estaba Toni Guiu que, con su inseparable cigarrillo en la boca, movía rabiosamente la rueda del *Fortuna Lights* de un lado a otro mientras charlaba, con esa tranquilidad que le era tan habitual, con Jordi Blanc, Jaime Arcos y Miguel López Piqueras.

–¿De qué va esto?

–¡De australiana!

Ir de australiana era nuestra forma de decir que la temperatura y los rociones en cubierta permitían ir tan sólo con pantalones cortos, botas y la chaqueta del traje de aguas con su correspondiente arnés. La seguridad y la rapidez con que Toni respondió a mi pregunta no me hizo dudar ni un momento. Volví a quitarme mis calzoncillos largos, enfundé mi bañador, puse otro polar en el cuerpo y rematé la indumentaria con la chaqueta y las botas. Todo listo.

–Ya estoy aquí. ¿Qué hay que hacer?

Apenas habían pasado tres minutos desde que habían venido a despertarme a mi litera y ya estaba en cubierta dispuesto a lo que fuera necesario. Nada me gustaba más que me llamasen para efectuar cualquier maniobra. Mis responsabilidades a bordo del *Fortuna Lights* me obligaban a permanecer fuera de guardia y un gran número de horas en el interior de la embarcación. Compaginar las tareas de cocinero, navegante, radio y médico suponían muchas horas de trabajo. Por este motivo, Jordi Brufau y Toni Guiu, los dos patrones a lo largo de toda esta vuelta al mundo, habían decidido que yo estaría fuera de guardia y en permanente *standby* para echar una mano cuando las circunstancias en cubierta así lo exigieran. Esto significaba poca actividad para mí en cubierta. Con lo que yo disfrutaba yendo a proa, recogiendo una vela, cazando una escota y, en definitiva moviéndome fuera. El hecho de ser uno de los que menos experiencia tenía en eso de la navegación a vela, hizo que en mí recayeran lo que yo llamaba tareas de interior. Pero lo que me gustaba era estar fuera. Por eso cuando por el tambucho se oía aquello de "¡Gente fuera!" o "¡Albert!" yo salía despedido de mi litera como empujado por un resorte.

–Hay que sacar el génova 2 y poner el 3.

Enganché el arnés a la línea de vida, salí de un

salto por barlovento de la bañera y, bien encorvado y con paso tambaleante, me dirigí hacia el tambucho de proa agarrándome a los candeleros y con las piernas bien separadas para mantener el equilibrio en medio de ese enfurecido océano Índico que nos rodeaba. A pesar del viento ya me pareció oír detrás de mí alguna risa contenida a la cual no di mayor importancia. Al llegar al palo me di cuenta de que en realidad las olas rompían en cubierta y nuestra proa embarcaba agua frecuentemente. Empujando con el pie deslicé el tambucho sobre sus raíles, me arrodillé, alargué el brazo al interior y tiré del génova 3 hacia arriba. En esa posición empecé a tener mis primeras sospechas de que había sido mal aconsejado respecto a la indumentaria que debía llevarse en la recepción pública que estaba teniendo lugar en ese preciso instante en proa. El agua mojó mis desnudas piernas, sentí que entraba en mis botas y su temperatura no era la más adecuada para ir vestido como yo iba. Eso de la *australiana* empezaba a olerme a una mala recomendación.

Recuerdo que hicimos rápidamente el *peeling*. Bien, todo lo rápido que se puede hacer un *peeling* en esas latitudes donde el frío del agua y el frío del viento no eran los mejores aliados de nuestro propósito. Pero había que actuar, y parar era peor. El frío te invadía. Mientras había actividad uno desprendía energía que, de alguna manera, actuaba de calefacción animal. Tampoco era cuestión de entrar dentro para ponerme los pantalones. Estaba claro, y ya no había ninguna duda, de que había sido víctima de una broma que ni muchísimo menos me molestaba. Pero uno tenía que mantener su dignidad y no era cuestión de mostrar debilidad ante esa panda de desagradecidos cuyos apetitos satisfacía con los más exquisitos manjares liofilizados procedentes de EE.UU. Mientras arriábamos el génova no podíamos evitar reír del gol que me acababan de colar entre las piernas. Y nunca mejor dicho porque empezaba a sentir algo-bastante-muy frías las piernas.

–¿Qué? ¿De australiana, no?

–¡Sí! ¡No cabe duda! ¡Es más cómodo para maniobrar!

Nuestras conversaciones en proa siempre eran a

gritos. Sólo así te podías hacer oír por alguien que tenías apenas a un metro.

Sacar el génova 3 del interior, cerrar el tambucho, extender el génova en cubierta, atar el saco a la regala, desabrochar la cremallera del saco, abrir ligeramente el saco por proa y por popa, ponerle las escotas al génova, introducir el puño de driza en el carril libre del perfil del estay, enganchar la driza, izar el génova, cazar la escota, desatar de la regala el saco del génova 3, abrir el tambucho, guardar doblado en el interior el saco del génova 3, sacar del interior el saco del génova 2, cerrar el tambucho, extender el saco en cubierta fijándolo a la regala, arriar el génova 2 de forma que ya vaya quedando plegado en el interior del saco, largar las escotas, largar la driza y fijar ésta en la base del palo, cerrar el saco, desatar el saco de la regala, abrir el tambucho, introducir el génova 2 en el interior poniéndolo extendido en el pasillo de barlovento, cerrar el tambucho. ¡La maniobra estaba completa! Una ojeada al génova recién instalado, ordenar todos los cabos, una mirada al palo y nos encontrábamos todos de nuevo en la bañera fríos, helados, destemplados, mojados. Los 30 nudos de viento convertían los apenas 2 grados positivos en una sensación térmica de –15. ¡Brrr! A uno le gusta el frío, pero tampoco hay que pasarse.

–¡Cabrones! ¿Con que de australiana, eh? Vaya gol me habéis colado.

Las risas ya no se contuvieron. Pero ahí estaba yo, en la bañera, intentando disimular que estaba muerto de frío por no decir completamente congelado. Uno era muy "hombre" y no era cuestión de darles a esa panda de brutos más gusto y satisfacción de la que ya tenían. Permanecí aún cinco minutos en la bañera charlando con ellos mientras levantaba los pies para dejar salir toda el agua que se había acumulado en el interior de mis botas. Después de las maniobras me encantaba estar un rato largo en cubierta charlando con quienes estaban de guardia. Sentía que de alguna forma vivía más de cerca esa regata de la vuelta al mundo en la que estábamos inmersos. No estaba descontento con mi papel en el seno de la tripulación, pero no podía disimular que a mí lo que me iba era la marcha en cubierta. Toni lo sabía y por ello no dudaba en llamarme para echarles una mano. Sabía además que yo encajaría perfectamente una broma de este tipo. De todas formas, a partir de ese día, cuando preguntaba por la indumentaria recomendada, miraba las caras, el aspecto y el encogimiento de quienes estaban fuera. Tampoco era cuestión de volver a caer por segunda vez en el mismo engaño.

Aún hoy, transcurridos casi quince años desde aquello, en largas navegaciones efectuadas con Toni sale algún comentario sobre la australiana.

Capítulo 5

LA PRIMERA OSCURIDAD

El viento arrecia

Albert no tiene prisa. El barco está bien equilibrado y el piloto automático controla el rumbo sin problema, pese a los pantocazos del casco contra las olas. De vez en cuando, una ráfaga de viento acentúa la escora, pero todo entra dentro de lo normal. Si es que puede considerarse normal lanzarse a atravesar el Atlántico, empezando por el golfo de Vizcaya, solo, en un minibarco de 6,50 metros y con un temporal de proa.

Porque si ahora aún no hay temporal, llegará muy pronto. El viento está establecido en torno a los 25 nudos, pero el *Escuela Náutica de Catalunya* se irá acercando a la borrasca, a la vez que la borrasca se irá acercando al *Escuela Náutica de Catalunya*. Como si fuera una atracción fatal. Como si a partir de ahora no pudieran vivir el uno sin la otra, ni la otra sin el uno.

Albert ciñe amurado a estribor. Lo ha comentado esta mañana con Michel. Es el rumbo que más lo acerca a Finisterre. Y deberá virar a babor antes de que llegue la previsible rolada hacia el oeste. Si se equivoca, se hundirá en la cazuela del golfo de Vizcaya; si acierta, ganará unas cuantas decenas de millas y después podrá poner proa casi directamente al extremo occidental de la península Ibérica.

No piensa en la regata. La Mini-Transat se convierte para él sencillamente en una travesía más. La clasificación ha dejado de tener importancia. Tras salir dieciocho horas más tarde que el resto de la flota, es imposible que mejore su resultado de hace doce años. Pero no importa. Hará lo que sabe hacer. Llevar el barco entero hasta el puerto de destino. Y después esperará a que la gente siga confiando en él para su otro proyecto. Ahora no tiene que pensar ya en ello.

Tras superar Karek Greis, Albert empieza a sentirse en su elemento. Aún está relativamente cerca de tierra –es una costa peligrosa, llena de piedras a flor de agua, con fortísimas corrientes de marea y situada a sotavento– y debe vigilar la navegación. Poner millas de por medio. Adentrarse en aguas más profundas, aunque en esta zona la plataforma continental es enorme y no se acaba nunca. Por eso el golfo de Vizcaya es tan peligroso. Porque las olas pierden la inercia del océano y rompen al no tener suficiente agua debajo.

Cae la noche y llega la madrugada. El viento sigue subiendo. Las horas pasan y Albert va reduciendo progresivamente las velas. Primero toma el rizo del foque; después, cae el tercer rizo de la mayor. Cada vez confía en que ésta sea la última reducción de vela que haga. Pero siempre se equivoca. El viento sigue subiendo, imperturbable. Y no lo hace de repente, sino de una forma sostenida, señal de que la depresión es muy profunda, bien formada y durará mucho.

Al anochecer, el *Escuela Náutica de Catalunya* sólo lleva un tormentín y la mayor con tres rizos. Dos pequeños pañuelos al viento. Suficientes para que el barco mantenga su lucha contra el viento y contra las olas. Se lo confirma el GPS, esa pequeña maravilla que permite saber en cada segundo dónde está, a qué velocidad avanza y a qué rumbo. Y ese rumbo es la dirección real sobre el fondo, no sobre una proa hipotética que pueda indicar el compás de a bordo; ese rumbo no miente. Albert está ganando la batalla. Sigue navegando rumbo a Finisterre, un poco a sotavento, pero ése es el menos malo de los rumbos posibles, y lo hace a una velocidad que no está nada mal. A veces cae a 5,5 nudos, otras sube hasta 6,8. El barco, definitivamente, es muy bueno.

Albert sufre algunas averías, pero son cosas normales en estas circunstancias. Repara la mayor y tiene problemas con un sable. Son unos minutos de distracción y vuelta a empezar. Y lo que vuelve a empezar es una coctelera inacabable. La cabina es una amalgama de agua en la que flota todo lo que hay en el interior del barco. ¡Con tal de que las bolsas estancas lo sigan siendo! El agua cae encima del barco sin cesar. A ratos llueve y a ratos no llueve, pero esto es lo de menos. Las olas rompen en cubierta sin misericordia. Y cuando no son las olas, es la espuma que levanta el casco en su batalla contra el mar que se le opone. Uno y otro son tozudos y nadie quiere dar el brazo a torcer. Y cuanto más avanza el *Escuela Náutica de Catalunya*, más se encabrita la tormenta.

Más allá del horizonte la situación no es mucho mejor. Yan Jameson aparece en el puerto de Sainte-Marine con la mayor destrozada. El suizo Étienne Révol rompe una burda y tiene que poner rumbo a tierra. Andrew Cape ha roto los dos timones de su *Aberdeen* esta madrugada y se acerca a tierra lentamente, después de haber pulsado el botón de presencia a bordo de su baliza Argos, que indica que tiene problemas, pero de momento puede afrontarlos sin ayuda exterior.

Peor está Florian Allain: ha roto el palo y se ha fisurado dos vértebras dorsales.

Quienes le preceden camino de Finisterre sufren tanto como Albert. Un experto describe así su situación: «Métase en el bombo de una lavadora, colocada a su vez en un auto de choque de una feria. Moverse le será difícil y peligroso; dormir tres o cuatro minutos, casi imposible; aunque comer sea muy importante para reponer las fuerzas gastadas, requerirá un gran esfuerzo. Todo el mundo lleva el traje de supervivencia y los barcos van perdiendo piezas por aquí y por allá. Mantener el barco en la dirección correcta, aunque sea muy despacio, exige una atención constante. Hace mucho frío, aunque sólo sea por el volumen del Atlántico que le cae encima cada vez que sale a cubierta. Y todos los que tengan pilotos automáticos que no funcionen a la perfección (y serán muchos), deberán permanecer en cubierta o parar el barco para descansar».

En estas condiciones, al anochecer de este 28 de septiembre, quince participantes han regresado a Concarneau, uno se ha refugiado en Sainte-Marine y otros siete están camino de algún puerto. Y las previsiones meteorológicas indican que las próximas horas serán peores. De hecho, quedan aún treinta y seis horas de empeoramiento progresivo hasta que el temporal llegue a su punto culminante el próximo jueves día 30. Quizá los primeros de la flota estén ya frente a las costas de Portugal y puedan escapar a los peores zarpazos del océano. Pero muchos otros quedarán atrapados en pleno golfo de Vizcaya.

En el cuartel general de Concarneau se palpa la tensión. El recuerdo de 1993 es un fantasma que nadie nombra pero que todo el mundo tiene presente en su pensamiento. Ahora nada se puede hacer. Sólo confiar en que los meteorólogos se equivoquen, la tormenta amaine pronto y los barcos y los regatistas aguanten.

No es nada fácil, porque ya llevan más de cincuenta horas de regata. Nadie habrá dormido más de tres o cuatro horas y todo el mundo se habrá alimentado muy precariamente. En estas condiciones, el cansancio puede llevar a decisiones equivocadas. De ahí a la tragedia a veces sólo hay un paso.

Con la llegada de la noche el viento decide redoblar sus fuerzas. Es la segunda noche de Albert en el mar, la tercera para los otros participantes.

La brusquedad de movimientos lo zarandea de un lado a otro. Ni come ni descansa bien. Y así no puede continuar mucho tiempo. Seguramente tiene fiebre, pero tampoco puede hacer nada por evitarlo. La segunda noche. ¡No le quedan pocas! Una por cada día. Oscuras. Negras.

Hace muchos años. En mi casa

Desde mi habitación hasta el baño había unos ocho metros. Yo dormía en un extremo del piso en compañía de mi hermano mayor Ricard. Mi padre, un auténtico manitas, había dispuesto una pequeña luz en el soporte del techo de la lámpara de nuestra habitación de manera que de noche la oscuridad no fuera total. Además, entre mi habitación y el baño una segunda luz rompía la oscuridad de la noche, y hacía más llevadero ese largo trayecto.

Era rara la noche en que yo no me despertara con ganas de mear. Aguantaba cuanto podía para evitar efectuar ese temido trayecto. Había dos puntos críticos en él. Por un lado el comedor. La escasa luz de mi habitación y la del pasillo no eran suficientes para iluminar todo el espacio del comedor. ¿Había alguien escondido en la zona oscura del comedor? Una solución era encender la luz de mi habitación. Su resplandor a través de la puerta iluminaría todo el comedor. Pero no podía. Mi hermano dormía plácidamente y no era cuesción de despertarle. No tenía más remedio que enfrentarme a esa oscuridad, pasar rápido y embocar el pasillo. Otra zona conflictiva era el recibidor. La discreta luz del pasillo no era suficiente y dejaba el recibidor a oscuras. Para ir al baño no tenía que pasar por él, pero el problema residía en que parapetado tras esa negra oscuridad podía haber algo que... no sé... algo malo. ¿Qué podía haber, si no, en la oscuridad? Tampoco podía encender la luz grande del pasillo. Mi padre se despertaría. Su sueño era ligero como el viento. Cualquier ruido, cualquier luz, cualquier cambio era captado por sus sensores y se despertaba.

"No puedo más. No aguanto. Tengo que ir a hacer pipí." El reducido volumen de mi vejiga era el culpable de mi pequeña aventura nocturna. Tenía miedo, mucho miedo... Apartaba las sábanas, ponía pie en el suelo, me cargaba de valor y afrontaba mi destino con resignación. ¿Qué podía hacer yo? ¿Acaso tenía alternativa? Lo del orinal cerca de la cama ya lo había pensado alguna vez, pero... ¿cómo lo justificaba ante mis progenitores? Y peor aún, ¿cómo lo justificaba ante mis hermanos? Tenía que enfrentarme yo solo, en solitario, a la dura travesía hasta el baño.

Me acercaba despacio hasta la puerta de mi habitación permanentemente abierta, echaba una disimulada mirada hacia la parte oscura del comedor y, tomando aire, atravesaba raudo y veloz el comedor y el pasillo y me introducía en el baño sin olvidarme, eso sí, de golpear con mi mano izquierda el interruptor de la luz que estaba por fuera del lavabo. Cerraba la puerta. ¡Biennn! Estaba en zona segura. Aquí podía actuar con tranquilidad. Podía tomarme el tiempo necesario para recuperarme, liberar mi presión bajo-abdominal y preparar mi salida para cruzar de nuevo las líneas enemigas y llegar sano y salvo a mi protegida y segura habitación.

Salir no era fácil. En el trayecto de mi habitación hasta el baño había afrontado de cara la oscuridad del recibidor. Podía reaccionar con rapidez si algo imprevisto surgía de allí. Pero ahora las cosas empeoraban. Tenía que efectuar el trayecto en el otro sentido y, lo que era peor, ¡dando la espalda al recibidor! Dando la espalda a esos supuestos arqueros o lanceros que, aprovechando la oscuridad, permanecían parapetados en aquel recibidor. No podía apartar de mi cabeza el que mientras yo estuviese andando por el pasillo, dándoles la espalda, ellos tendrían el tiempo suficiente para apuntar bien y disparar su flecha mortal o lanzar su lanza fatal. Supongo que de ser niño hoy en día serían los guerreros del Lado Oscuro de la Fuerza, equipados con sus sofisticadas pistolas y sus espadas láser, los que estarían esperando su ocasión en ese oscuro recibidor.

Fuese quien fuese el enemigo en la oscuridad, estaba claro que había llegado la hora de la verdad. Tenía que cargarme de mucho valor y afrontar lo que se me avecinaba. Tampoco era cuestión de quedarme a dormir en la bañera. De pie tras la puerta del baño, con la mano derecha sobre el pomo, medio cerraba los ojos y me concentraba y analizaba en mi cabeza todos y cada uno de los movimientos que tenía que efectuar hasta mi habitación. Sin saberlo estaba poniendo en práctica la técnica de la visualización que muchos años más tarde practicaría en el Centre d'Alt Rendiment de Sant Cugat. Abrir suavemente la puerta, tomar aire y salir raudo y veloz al pasillo sin olvidarme de golpear hábilmente, con la mano derecha, el interruptor de la luz. Apagada la luz del baño, la carrera debía proseguir hasta tomar la curva de 90 grados que me introducía a salvo en mi habitación. Otro salto más y me escondía bajo las sábanas donde, poco a poco, dejaba que la aceleración de mi corazón fuese decreciendo hasta estabilizarse en valores normales. ¡A dormir! Había superado las líneas enemigas y de nuevo estaba a salvo en mi fortaleza y acompañado de mi aliado, al cual oía respirar profundamente cerca de mí, síntoma claro de que no se había enterado de la escaramuza que yo acababa de protagonizar con riesgo manifiesto de mi vida...

Con el paso de los años aquella oscuridad seguía atemorizándome. Pero en mi cabeza fueron haciendo acto de presencia los primeros síntomas de una racionalidad extrema. A ver, Albert, ¿quién quieres que haya allí? Sabes muy bien que no puede haber nadie. No debes tener miedo. Todo eran preguntas y conjeturas que yo me iba planteando con vistas a expresar con claridad lo que mi cabeza parecía ver muy claro pero que mis entrañas y mis piernas no parecían corroborar. Además, ¿crees que si hubiese alguien estaría con un arco y unas flechas o con una lanza? ¿No crees que sería más lógico una pistola con silenciador o cualquier otro artilugio más moderno? Venga, tranquilo. No corras. No pasa nada.

Ante mis propias reflexiones empecé a ir al baño lo más despacio posible sintiendo la aceleración del corazón y el deambular de un gusano dentro de mí advirtiéndome del miedo que tenía. Pero mi cabeza no paraba de transmitir serenidad, lógica, racionalidad ante los acontecimientos. Tranquiiilo... No pasa naaada... No cooorras.

Llegaba al baño y, recreándome en esa sensación de miedo que tenía, permanecía uno o dos segundos en el pasillo abriendo la puerta y encendiendo la luz con parsimonia y meticulosidad. Incluso cuando regresaba a mi habitación ponía los músculos de la espalda en tensión. "Si una flecha me atraviesa, al menos estaré preparado para el dolor." "Pero ¿qué flecha quieres que te atraviese?" En mi mente había un diálogo continuo. Era una constante discusión. Lógica, sensaciones, raciocinio, fantasías, realidad, sentimientos.

Aún hoy, cuando tengo frente a mí la oscuridad de lo nuevo, de lo desconocido, siento ese estremecimiento en mi interior que me avisa. ¿Estremecimiento? ¿Respeto? No seamos lingüistas de pacotilla ni caigamos en la fraseología encubridora. ¡MIEDO! Ni más ni menos que MIEDO.

Los años han pasado y esos miedos siguen ahí. Otros recibidores y otros comedores oscuros siguen llenando mi vida, pero la práctica diaria y la gimnasia bien dirigida han hecho que sobrellevara mis miedos con la mayor dignidad y disimulo posibles. Pero de lo que estoy seguro es de que ellos siguen ahí, avisándome, poniéndome en guardia, advirtiéndome. Tan sólo ha cambiado mi capacidad para vivir con ellos sin necesidad de correr por el pasillo...

Capítulo 6

LA ANSIEDAD
El temporal

Esta noche es imposible descansar. El viento, que estaba establecido en 35 nudos, sube a 45, seguramente hasta 50 en las ráfagas. Es una tormenta con todas las de la ley. Pero peor que el viento son las olas. El mar no es mar, sino montañas líquidas que bailan a su antojo. O dirigidas por un no se sabe quién que las levanta y las desintegra alrededor de Albert. A veces, más que como montañas, se levantan como una muralla que se interpone en el camino, cuando no se desintegran antes de permitir que un intruso las escale.

El piloto automático no puede con ellas. Cada una es un golpe que desestabiliza el rumbo. Y cuando el timón obedece la orden de poner el barco en la dirección correcta, se pasa hacia el lado opuesto. Si se abre al viento, la fuerza de éste tumba el *Escuela Náutica de Catalunya* hasta casi meter el palo en el agua. El piloto corre a deshacer el entuerto, ayudado por la tendencia del barco a orzar como consecuencia del incremento de la escora. La corrección es excesiva y las velas se ponen a flamear. El piloto responde de nuevo y transmite al timón la orden de arribar. Pero el golpe de una ola basta para hacerlo pasar de rumbo. De nuevo el viento tumba el barco y vuelta a empezar.

Así no puede seguir. A Albert no le gusta llevar la caña, pero no le queda otro remedio que hacerlo. Se llena los bolsillos de frutos secos; se ata como siempre con el arnés de seguridad y además se trinca entre los cables que dan la vuelta al casco; de esta forma, cuando el barco escora hasta casi los 90º, no necesita aguantarse con el brazo para no caer hacia sotavento. Coge la caña y le va explicando al piloto cómo lo tiene que hacer.

–¿Lo ves? Hay que orzar un poco ahora, cuando viene la ola. La subimos y una vez estamos arriba nos dejamos caer otro poco. Así, así, nos dejamos deslizar al bajar la ola, evitamos la caída libre desde arriba y no pegamos tantos pantocazos. No, no hay que pasarse ni en un sentido ni en el otro; hay que mantener el viento al filo del génova. ¿Ves esos hilillos? Pues tienen que estar siempre así, horizontales, o apuntando ligeramente hacia arriba. ¿Lo ves ahora? ¿Te das cuenta de lo bien que vamos?

El viento sigue soplando con fuerza, las olas no disminuyen y el océano se desploma una y otra vez encima de Albert. Protegido dentro de su traje de neopreno, cerrado herméticamente, se limita a recibir estoicamente un nuevo paquete de agua. Escupe mocos, agua y sal, todo al mismo tiempo. Acaba cogiendo el ritmo. Cada diez segundos más o menos le cae una ola encima. A veces se salva y oye cómo el mar rompe justo en popa del *Escuela Náutica de Catalunya*; otras veces no tiene tanta suerte, como cuando le caen encima tres olas seguidas que tumban completamente el barco. Está a punto de dar la voltereta, pero los 300 kilos del bulbo, casi dos metros debajo del casco, acaban por enderezarlo a tiempo.

En una ocasión nota cómo se separa del barco y el culo se le levanta. Es un gran volumen de agua que cae sobre el barco. Son olas enormes. Más que verlas, las oye. Oye el rugido de la rompiente. Y por la intensidad del rugido calcula su altura y dónde están. Mentalmente calcula los segundos que faltan para recibir un nuevo chaparrón. Pero él mantiene los ojos en el foque, echa de vez en cuando un vistazo al compás, porque son los dos elementos que le confirman que mantiene el rumbo deseado. A veces nota por el rabillo del ojo que se salva de una ola: el *Escuela Náutica de Catalunya* se ha adelantado y ya ha cruzado el espacio de océano destinado a la rompiente.

Está cansado, tiene frío y a veces se le cierran los ojos. Son apenas unos segundos, o quizás unas décimas. Pero al recibir la siguiente ola encima vuelve a despertarse.

A veces el barco no sube la ola, sino que se limita a atravesarla, como si fuera un submarino. O quizás es que la ola se ha levantado de repente sobre otra y su *Escuela Náutica de Catalunya* no ha podido reaccionar a tiempo.

Es duro, muy duro. Pero es también mágico. Quizás es por la luna llena, que algunas nubes raudas intentan tapar a ratos. Quizás es la concentración de Albert en lo que hace. Quizás es la magia de los campos de espuma que cruza cuando la rompiente se ha deshecho un poco a proa, sin llegar a zarandearlo. En el mundo no existe nada más: sólo él, y el barco, y las olas, y el viento, y la luna. Sobre todo, la luna. Una luna que a veces desaparece unos minutos, cuando cruza delante de un trozo de cielo tapado. ¿O es al revés? No importa. Nada importa ya. Sólo seguir. Sólo sobrevivir. Porque el mundo ya no existe. Ya no hay nada más.

Había mucho viento. Llevaba más de veinticuatro horas navegando por el golfo de Vizcaya y estaba claro que aún me quedaba un trecho importante hasta llegar a Finisterre. Por no decir hasta Puerto Calero. ¡Qué desastre de salida! Pero ya casi la había olvidado. Incluso a veces me descubría a mí mismo teniéndome que recordar que estaba disputando la Mini-Transat. Tal era mi concentración en lo inmediato. Tal era mi concentración por llevar el barco de la mejor manera posible en medio de aquel berenjenal. 30, 35, 40, 45. Quizás alguna racha de 50. No creo que hubiese más de 50 nudos de viento. Lo que sí había era mucho mar. Olas grandes. Olas rompientes. Espuma blanca. El cielo, negro, oscuro, amenazador. Y el barco... el barco era una batidora. ¡Cómo se movía! Pensaba en Toni Guiu, mi gran maestro en todo lo que a navegar se refiere, y no me quitaba de la cabeza el comentario que un día me dijo sobre su intención de no volver a navegar en un barco pequeño. En esos instantes le estaba dando la razón y le comprendía. Tanto que, de haber tenido a mano en ese momento la ficha de inscripción de su Club de Amigos de los Barcos Grandes, la hubiese rellenado y entregado. Suerte que el tipo de navegación que practico supone pasar muchos días en el mar antes de llegar a tierra. Esto te permite enfriar las decisiones tomadas en caliente, madurarlas, meditarlas y al final relativizarlas de tal manera que uno las acaba olvidando o bien poniéndolas en el saco de las banalidades. Qué grande es el número de cosas que, hechas en caliente, son luego motivo de arrepentimiento. En regatas de este tipo es poco frecuente, por no decir excepcional, ver una bandera de protesta. Uno tiene tiempo, en quince o veinte días de travesía, de darse cuenta de la poca importancia de una preferencia no respetada en la línea de salida. Además siempre es mejor pensar que quien no nos respetó la preferencia andaba en ese momento tan apurado o más de lo que uno estaba. Quizás otro día sea yo quien me encuentre en el apuro de no poder respetar una preferencia. Aun cuando sé que no siempre es así, a menudo prefiero creer que las malas actuaciones o los errores de los demás son fruto de circunstancias que les han condicionado. ¿Qué haría yo en sus circunstancias? Prefiero no ver intencionalidad en los malos actos. Quizá sea pecar de ingenuo, pero de lo que sí estoy seguro es de que me ayuda a ser más tolerante.

El *Escuela Náutica de Catalunya* ceñía a rabiar y la escora del barco era muy acentuada. El tormentín y los tres rizos en la mayor eran la medida justa de trapo. Ni más, ni menos. Sentado en barlovento, nada podía ver de lo que acontecía detrás de mis velas. El golfo de Vizcaya no era precisamente el mejor lugar para andar confiado en no encontrar otras embarcaciones. Y con la medida de mi pequeño 6,50, cualquier otra embarcación suponía una amenaza. De vez en cuando fijaba el piloto, me descolgaba por la cubierta inclinada agarrándome a todo cuanto sobresalía, sacaba la cabeza debajo de la botavara e intentaba comprobar si alguna otra embarcación estaba navegando por la zona.

Habitualmente, de noche, llevo sobre mi cabeza una luz frontal. Es cómodo. Me deja las manos libres para maniobrar y siempre sé dónde está la linterna. Esa noche no era una excepción. Colgado por sotavento encendí el frontal para ver qué tal estaba el tormentín. Bien... Todo bien... Qué maravilla de barco. Qué bien navega. Al hacer el gesto hacia atrás para subir de nuevo a barlovento, el tejido de la mayor que colgaba de la botavara golpeó en mi cabeza y me arrancó el frontal. Lo vi cómo caía encendido en cubierta e inmediatamente al agua. Ahí me quedé, encogido debajo de la mayor, mirando por sotavento cómo la luz encendida de mi frontal iba quedando atrás, flotando en el agua. Qué sensación tan rara me invadió. Parecía alguien que había caído por la borda y del cual sólo podía ver la luz de su cabeza. "¡Hombre al agua! Hay que maniobrar rápido. ¡Hay que recuperarle!" Cómo podría yo solo hacer todo esto. El mero hecho de pensar en esa imagen me turbó y recordé que esa misma sensación ya la había vivido dos años antes navegando en el *Budapest*.

Fue la primera noche después de salir de El Havre. A bordo íbamos Nandor Fa, el mejor navegante de Hungría, y yo. La Transat Jacques Vabre-Ruta del Café en la que estábamos participando finalizaba en Cartagena de Indias en Colombia. Habíamos tomado una salida muy prudente. Los 35-40 nudos de proa que había no eran el mejor aliño para dos navegantes que llevaban muchos meses en dique seco. Además, un excepcional mareo había dejado a Nandor *KO* tumbado en la litera. Me quedé fuera. Parecía que estuviera navegando en solitario. Qué maravilla. Qué más podía pedir. Fuimos avanzando hacia las costas de Inglaterra amurados a babor con la esperanza de que el paso del frente previsto para esa noche nos llevara vientos del noroeste que nos empujaran hacia el SSW y nos permitieran salir rápidamente del Canal de la Mancha. Qué poco me gusta navegar por allí. Barcos, corrientes, bajos, tierra por todas partes. Todo son enemigos.

Afortunadamente todo iba según lo previsto. Cuando las luces de la costa inglesa empezaban a estar cerca, fuimos notando la rolada y viramos. Pudimos incluso abrir ligeramente las velas. El viento había bajado considerablemente y estaba establecido en 20-25 nudos. No llevábamos más de diez minutos a ese rumbo cuando empezamos a oír un crujido intenso y el barco fue lentamente disminuyendo la velocidad hasta quedar completamente parado. La corredera marcaba 0, el viento seguía soplando y las velas estaban hinchadas. ¿Qué estaba ocurriendo? Algo nos había detenido por completo. Algo se nos había enganchado. Pero ¿qué? Aun cuando veíamos las luces, estábamos lejos de la costa y la sonda marcaba un fondo considerable. No entendíamos nada, pero parecía evidente que algo nos retenía.

La noche era realmente negra y un residuo de mar corta y profunda iba golpeando el costado del barco. Tras un examen desde cubierta no lo dudé ni un instante. Me desnudé por completo, me puse el arnés, le até un cabo y con la linterna frontal me eché al agua. Estaba helada. Mediados de octubre, con viento del norte y en plena noche no eran las mejores condiciones para un baño en mitad del Canal de la Mancha. Pero algo había que hacer. Lo intenté por sotavento y por barlovento. El agua no sólo era de una profunda oscuridad sino que también estaba turbulenta. ¡Con mi especial predilección por la oscuridad! Para hacerlo aún más fácil la corriente era importante y las olas me golpeaban contra el casco. Me sumergí varias veces siguiendo la quilla pero con la luz del frontal no llegaba a ver ni mi mano con el brazo extendido. Estuve media hora en el agua y empezaba a notar que el frío traspasaba mi piel. Ya no tenía frío por fuera. Lo tenía por dentro. No podía seguir en el agua, tenía que salir. Fui hacia popa donde un escalón permitía subir fácilmente a cubierta. Aproveché para efectuar una rápida inspección a los timones y encontré en uno de ellos un grueso cabo de unos diez metros con un boyarín de unos veinticinco centímetros de diámetro enganchado en uno de sus extremos. No era lo que nos mantenía retenidos, pero sin duda sería un freno para cuando arrancásemos. Fue en ese preciso instante, estando agarrado a popa, cuando una ola mayor que las otras arrancó mi luz frontal y se la llevó. Subí rápidamente a bordo y miré cómo la luz flotaba y se alejaba del barco arrastrada por las olas y por la corriente. Me estremecí al pensar que enganchado a aquella luz que flotaba podía estar yo viendo cómo las olas, el mar y las corrientes me iban alejando del *Budapest*. ¡Qué miedo! Sentí que imaginar tal situación alteraba todo mi cuerpo y mi ánimo. Entré dentro del barco y me envolví en una toalla. Estaba muerto de frío. Titiritaba escandalosamente. Mis mandíbulas castañeteaban. Me sequé diligentemente y empecé a ponerme ropa y más ropa. Tenía que calentarme. Estaba helado. Dejaba que las tiritonas invadiesen todos y cada uno de los músculos de mi cuerpo. Puse a calentar agua y al poco compartía con Nandor una reconfortante sopa caliente. Un par de horas más tarde sentía que el cuerpo había entrado definitivamente en calor.

Con Nandor decidimos esperar al amanecer para, con luz de día, volver a intentar liberarnos de lo que misteriosamente nos mantenía sujetos al fondo. No hizo falta. Algo más tarde, de forma súbita, el barco empezó a girar sobre sí mismo, escoró pronunciadamente y... ¡zass!, emprendió de nuevo su ruta. ¡Habíamos quedado espontáneamente liberados!

Meses más tarde, ya con el *Budapest* en Barcelona, pude comprobar que en la parte de proa del bulbo había una profunda marca que había erosionado el plomo. Mi buen amigo Craig de Llafranc me dijo que habíamos cogido la red abandonada de un pesquero. Él sabía de qué hablaba por sus campañas de pesca en el Canal de la Mancha. Según parece, algunas veces los pesqueros deben abandonar sus aparejos al quedar éstos enganchados en el fondo. Con un extremo fijo en el fondo y el otro extremo buscando salir a la superficie dada su reserva de flotabilidad, aquellas redes se convierten en una trampa peligrosa que no aparece en ninguna carta náutica.

De todas formas, lo que más huella dejó ese suceso en mí no fue ni la red, ni el baño, ni el agua fría. Fue esa luz que, arrancada de mi cabeza, se alejó del barco flotando sobre el agua. Pienso en lo que hubiese significado seguir enganchado a la linterna mientras desde el agua iba viendo alejarse el barco. Me estremezco. Siento ansiedad, tensión, temor... Siento miedo...

Pasan las horas y parece que la tormenta amaine. Al amanecer, sin embargo, comprueba que las olas son tan grandes como las ha visto durante toda la noche. Pero desaparece un poco la magia de las horas anteriores. El viento se toma un respiro y Albert aprovecha para conectar un rato el piloto automático. La larga lección de la noche anterior ha sido útil, porque la electrónica coge el testigo sin chistar y mantiene el rumbo sin problemas.

Albert abre el tambucho y mira hacia el interior de la cabina. Es el caos más absoluto. Entre los objetos flotantes recupera una bolsa de frutos secos y también una tableta de chocolate. Bastarán para seguir tirando.

El viento baja un poco más y él aprovecha para izar el foque en lugar del tormentín. Se da cuenta de que seguramente tiene fiebre. Pero ahora no puede hacer nada para evitarlo. Sencillamente tiene que seguir adelante.

El viento no sólo ha cedido un poco, sino que también ha rolado algo hacia el sur, hacia la izquierda. Es el momento de virar. Hay que aprovechar la ocasión para alejarse del fondo del golfo de Vizcaya. Durante unas horas no recortará las millas que le separan de Finisterre, pero sabe que es la mejor inversión que puede hacer. Arrumba al 280, ligeramente al norte del oeste puro, y con el paso de las horas empieza a sacar los rizos de la mayor. Es un juego que ha vivido muchas veces: ahora saco el rizo, ahora lo vuelvo a poner, ahora lo vuelvo a sacar, ahora saco otro, lo tomo de nuevo, lo vuelvo a quitar. Primero el tercer rizo, después el segundo. Pronto tocará el primero. Señal inequívoca de que la depresión ya se aleja.

Albert no lo sabe, pero ha salido extraordinariamente bien parado de la tormenta. Está cansado, tiene fiebre, pero su barco sigue entero, incólume, y él es dueño de su destino, lo lleva adonde cree que tiene que llevarlo para esperar una nueva rolada, esta vez al oeste, y virar de nuevo hacia Finisterre. Todo dentro de lo previsto desde hacía tiempo. Porque esta tormenta, en el fondo, es una tormenta más de las que en esta época azotan el golfo de Vizcaya.

En Concarneau no piensan en Albert.

En Concarneau acaban de recibir un Mayday, el SOS de los navegantes. Alguien en peligro de hundirse. Son apenas las ocho de la mañana cuando el centro de control de salvamento Cross Atlántico pone en marcha el procedimiento de máxima alerta después de que a las 7.57 Francesco Pellizza haya activado sus dos balizas de socorro, la Argos y la Sarsat-Cospas. El satélite ha localizado la baliza de Francesco Pellizza en el punto 45° Norte y 7° 50' Oeste, a unas 50 millas al norte de Estaca de Bares. Una aguja de color se coloca inmediatamente en la gran carta que preside la sala. Simultáneamente, se ordena a todos los barcos de acompañamiento de la regata que se dirijan a este punto, al tiempo que se avisa a la Marina española y desde La Coruña despega un helicóptero que se dirige en dirección del náufrago.

En el centro de seguimiento de la regata la preocupación es palpable. Las caras, serias. Pellizza no es un desconocido. Es un experto navegante que se ha enfrentado muchas veces a los temporales y que estaba haciendo una regata extraordinaria. Anoche iba tercero. Ha corrido en todos los mares del mundo y ha ganado, entre otras, la Sydney-Hobart en su clase a bordo del *Orchidea* y también la Giraglia, una de las clásicas del Mediterráneo.

La eficacia de los equipos de salvamento es encomiable. Tras localizar el barco –está patas arriba tras haber perdido la quilla–, el helicóptero rescata al italiano, que había logrado abrir la balsa salvavidas y refugiarse en ella. A las 11.07 el náufrago ya está volando hacia La Coruña.

Loïc suspira tranquilo en Concarneau. El primer susto se ha superado sin demasiados contratiempos. Aunque se ha perdido un barco en el océano, se ha podido salvar al navegante, la primera prioridad absoluta cuando se trata de un salvamento en el mar. Pero el director de la Mini-Transat ni siquiera se puede tomar tranquilamente el café que tiene en la mano cuando llega un nuevo Mayday. Esta vez la alarma la ha disparado Stéfano Paltrinieri, que se encontraba cerca de donde estaba Pellizza. Algo debe estar pasando en esta zona, porque Paltrinieri no sólo es un gran atleta –es uno de los mejores triatletas italianos–, sino que también es un experto navegante en solitario y lleva corridas todas las Mini-Transats desde 1995. Su peor clasificación ha sido el quinto lugar.

La incertidumbre se alarga durante horas. Y mientras tanto, debe proseguir la rutina, si puede calificarse de rutina controlar la posición de los participantes que siguen en regata –un tercio de la flota está amarrada en puerto o camino de tierra con averías más o menos graves– y remitir información a los distintos medios y seguidores. Suerte de la informática, porque de lo contrario ésta sería una tarea imposible para una organización pequeña y con escasa infraestructura como es la de la Mini-Transat.

Las posiciones facilitadas por el satélite Argos indican que Sébastien Magnen se escapa a ojos vista de sus rivales. Ha tomado una opción muy arriesgada: pegarse a la costa española e ir remontando contra el viento aprovechando las roladas propias de las entradas de las rías. De momento parece que le está dando resultado.

Lo sigue Erwan Tabarly, que parece pisar las huellas dejadas por Magnen. Tercero es Chris Sayer, un verdadero desconocido en Europa, seguramente acostumbrado a los temporales propios de su Nueva Zelanda natal, que se ha mantenido mucho más al oeste, en aguas más profundas y vientos más estables.

Inmediatamente detrás se sitúa la primera de las participantes femeninas, Valérie Tisseraud, a bordo del *Joséphine*. Y dos puestos detrás está Karen Leibovici, la compañera de Sébastien Magnen.

Cerca de este pelotón de cabeza debe estar Sébastien Josse, de quien no se tienen noticias desde hace veinticuatro horas. La organización quiere suponer que sólo se trata de un error de la baliza Argos, que ha dejado de transmitir. Algo parecido a lo que le sucedió a Lemonchois, que el lunes volvió a entrar en puerto.

Peter Heppel se harta de esperar en puerto y tras reparar el piloto automático decide zarpar. Este miércoles en Concarneau soplan de 30 a 35 nudos y no se espera que la situación mejore antes del sábado. Pero Heppel es un experimentado regatista –este verano ganó la Mini-Fastnet en pareja, con Andrew Cape– y aunque sabe que no será el vencedor de esta Mini-Transat, prefiere no aumentar su desventaja.

Quien regresa definitivamente a puerto es el belga Michel Kleinjans, que opta por la retirada. Es un experimentado navegante y un viejo conocido de Albert, con quien coincidió en la Vuelta al Mundo 1985-86 y en la Mini-Transat de 1987.

A media tarde llega la buena noticia: un helicóptero de la Marina española ha localizado a Paltrinieri y lo ha rescatado. Los servicios de salvamento no pueden ser más eficaces: dos recuperados de dos naufragios. Loïc Ponceau quiere pensar que lo peor ya ha pasado y confía en poder dormir esta noche.

Está muy equivocado. Fuera, en pleno golfo de Vizcaya, el temporal está pasando factura a muchos de los participantes. Los pantocazos de los barcos contra las olas van erosionando su resistencia. Los palos reciben un verdadero vapuleo en cada choque contra el océano. Y empiezan a ceder.

Xavier More es el siguiente recuperado por helicóptero, a las 0.30 del jueves, en la misma zona que Pellizza y Paltrinieri. Su *Kuntel* ha chocado durante la noche con un objeto flotante no identificado, el barco ha empezado a hacer agua y ha comenzado a hundirse rápidamente. Por ello a Xavier no le ha quedado más remedio que accionar el Mayday y saltar a la balsa salvavidas.

Tres horas y media después llega una nueva señal de alarma, esta vez de Paul Peggs. Un avión de la RAF localiza al *Blue One* ya con luz de día: ha roto el palo, pero parece en condiciones de acercarse a algún puerto por sus propios medios y si es necesario antes de que anochezca un helicóptero podría rescatarlo.

Los sustos no cesan durante la mañana. Esta vez los Maydays proceden del *Hotel B&B*, de Rodolphe Jacq, y del *Navifax-Météo France*, de Hervé Gourdon. Éste tiene suerte y es el primero en ser rescatado, tras ser localizado encima de su barco volcado.

Mientras el grueso de la flota aún sufre las consecuencias del temporal, los líderes aprovechan un cambio de situación meteorológica. El viento se va abriendo hacia el oeste, pierde intensidad y les permite superar el extremo occidental de la península Ibérica. Durante unas horas, parece que Magnen quiere entrar en Bayona, tan cerca está de tierra. El mismo Sébastien piensa en esta posibilidad para poder descansar un poco: el vencedor de la edición de 1997 está absolutamente agotado y no se ve con fuerzas para mantener este ritmo endemoniado a lo largo de las costas de Portugal. Pero cuando ve que puede hacer rumbo directo y que el océano recupera un aspecto más normal, decide seguir hacia el sur. Él no lo sabe todavía, pero acaba de poner un pie en el podio de Lanzarote.

Quien sí se para a descansar es Erwan Tabarly. El sobrino del mítico Eric es muy joven y le falta la experiencia de su tío o del mismo Magnen. En los cuatro días que lleva de regata apenas ha dormido, por lo que se acerca a la costa de Galicia y echa el ancla para descansar unas horas. En estas condiciones, no puede seguir navegando y menos al lado de una costa tan peligrosa conocida como la *Costa de la Muerte*.

Hace horas que Albert ha virado de nuevo a babor. Después de navegar durante veinticuatro horas hacia el oeste, el viento va rolando hacia esta dirección. El *Escuela Náutica de Catalunya* se mantiene amurado a babor un poco más, para adentrarse bien en la zona con el nuevo viento y a las diez vira. Está en 44º 46' Norte y 7º 26' Oeste. Con su nuevo rumbo al 205 casi supera el escollo de Finisterre.

Anoche se llevó un buen susto. Al caer la tarde el barco se le fue completamente de rumbo. De un salto se plantó en popa, comprobó que el piloto nuevo fallaba y conectó el viejo, que llevaba de recambio ya instalado para ser usado. No le dio importancia.

Sí se preocupó cuando, al cabo de sólo unas horas, falló el segundo piloto. «Ya estamos otra vez como en la Mini-Transat del 87, que me quedé sin pilotos automáticos en la primera etapa». Sabe que sin piloto automático un navegante solitario es un hombre perdido: se pasa las horas a la caña, por lo que apenas puede hacer nada más. No descansa, come aún peor. Y debe pararse cada vez que tiene que descansar, por lo que a veces acaba forzando la máquina más de lo que dicta la prudencia.

Acuartela el barco –pone el foque a la contra y así el *Escuela Náutica de Catalunya* se queda más o menos parado, a un rumbo estable, con el viento por el través– y verifica todo el cableado eléctrico. Pronto descubre una conexión floja. La aprieta con los dientes y el corazón se le hincha de alegría cuando el aparato vuelve a la vida. Lo conecta inmediatamente y pone el barco de nuevo a rumbo. Pero no se da por satisfecho y sigue su búsqueda para arreglar el piloto viejo.

En este caso tiene menos suerte. El cableado parece en buen estado y las conexiones con el aparato, también. Es evidente que le llega electricidad, porque de vez en cuando se le dispara la alarma. Al cabo de unas horas, se da por vencido. Mientras no vuelva a fallarle el otro piloto...

Capítulo 7

MIEDO A MORIR SOLO
Las huellas del temporal

El tiempo ha mejorado mucho. Ya no llueve y por fin Albert puede vivir un día que se acerca un poco a la normalidad de una travesía oceánica. Se nota patoso, no se mueve a gusto y se da cuenta de que los golpes recibidos en estos días pasados le han dejado todo el cuerpo magullado. Moverse le supone un gran esfuerzo, pero lo tiene que hacer constantemente. En un barco nunca se está quieto. Siempre hay cosas que hacer. Y está cansado, porque aunque esta última noche haya podido dormir un poco, no puede descansar profundamente. Cuando puede, se echa en cubierta, con los pies a sotavento. Es como si estuviera de pie, pero tumbado, con la cabeza a barlovento para que su peso contribuya a equilibrar el barco. El agua de la bañera le pasa unos centímetros por debajo. Cuando el barco escora más de lo normal, piensa que quizás acabará deslizándose hacia la borda. Pero nunca pasa. Y si pasara, quedaría unido al barco por el arnés de seguridad, que siempre se pone cuando sale a cubierta.

Por la tarde el sol hace una tímida aparición entre las nubes. Es la primera vez que lo ve en no sabe cuántos días. Sí, exactamente desde el domingo, cuando dieron la salida. No calienta mucho, sobre todo cuando uno tiene el frío metido tan adentro. Pero aprovecha la ocasión para tender ropa y unas cuantas cosas que recupera de la piscina en que se ha convertido la cabina. También achica el agua con la esponja y pone un poco de orden en medio del caos.

Hace recuento. Lleva ya tres días y medio en el mar y le queda al menos una semana para llegar a Puerto Calero, en Lanzarote. No tiene cerillas, ni encendedores, ni linternas, y tampoco le funciona la radio VHF para comunicarse con los barcos de seguimiento u otros navegantes, aunque de éstos seguramente no habrá nadie cerca. Deben de estar todos más al sur, con la ventaja que le cogieron en la salida.

Reconoce que ha comido poco en lo que lleva de navegación y se propone cuidarse un poco más, ahora que las condiciones no son tan malas. Su alimentación se ha limitado a embutido, barras energéticas, *panellets*[1] y muchos frutos secos. También ha bebido muchos líquidos. Para celebrarlo, se zampa un par de latas de sardinas y de atún. Se las come a palo seco, porque no tiene nada con qué comérselas y tampoco puede calentarse nada, porque no tiene con qué prender su fogoncillo de butano. Y así tendrá que seguir hasta la llegada a Lanzarote.

Anochece cuando se cruza con unos cuantos pesqueros. Supone que vienen de España, pero no tiene radio para hablar con ellos y preguntárselo. Está a 70 millas de Finisterre. Avanza bien, con un rizo en la mayor y todo el foque izado. Su obsesión es ceñir al máximo para evitarse bordos cerca de la costa, que atisba a lo lejos, a favor del sol poniente. Virar ahora le haría perder buena parte de lo ganado, porque amurado a babor tendría que aproar casi al noroeste puro.

Pasa Estaca de Bares. Navega sin cartas, porque han desaparecido casi todas en el amasijo líquido que se formó en la cabina durante la tormenta. Cada vez que cogía una para comprobar su posición, se le quedaba un cachito en las manos. Por suerte, desde hace tiempo se ha acostumbrado a navegar con el GPS. Introduce los principales accidentes de la costa y después, en el mar, le pide al aparato la demora y la distancia a éstos puntos que le interesan. Y en su cabeza se dibuja la carta con su situación: «Estoy a tantas millas y a tal rumbo de Estaca de Bares, y a tantas de Finisterre, que tengo al rumbo tal».

El único peligro es que se quede sin GPS. Por eso lleva dos. El primero se le mojó poco después de salir de Concarneau. Y el segundo, el único que le queda, apenas lo saca de la cabina, don-

1. *Panellets:* Dulce típico catalán de la noche de Todos los Santos consistente en pequeñas bolas de mazapán envueltas en piñones, embadurnadas con yema de huevo y cocidas ligeramente al horno. Se conservan mucho tiempo y son muy nutritivos y calóricos. *(N.del A.)*

de lo guarda con mil mimos. Sólo lo saca unos segundos por el tambucho, para que la antena no tenga ningún obstáculo y pueda cazar directamente los satélites. E inmediatamente se vuelve hacia adentro. Así conoce su nueva posición, el rumbo efectivo de las últimas horas, y se dibuja la nueva carta en su cabeza. Se sitúa respecto a estos puntos de referencia y prevé las distintas alternativas de navegación según sea la evolución del tiempo, qué rumbos debería hacer y cuándo tendría que virar. O cuándo podrá empezar a caer a sotavento. Pero esto, de momento, ni hablar. Es un sistema muy práctico de navegación cuando se tiene cierto margen de seguridad y se tiene una larga experiencia para tener claros el concepto de los ángulos y las distancias.

Va haciendo bordos cerca de la costa. Pasa cabo Villano, y después deja cabo Toriñana por el través. Recorta la ruta tanto como puede. Ve un barquito de vela, a lo lejos, aún más pegado a tierra. Piensa por un momento que puede ser otro participante de la Mini-Transat, pero pronto lo pierde de vista y se olvida de él.

Erwan Tabarly tampoco se fija mucho en Albert. Hace unas horas que ha levantado el ancla y se ha lanzado a recuperar tiempo con la energía de sus veintidós años. De momento aprovecha las roladas cerca de tierra para recortar millas, usando en su favor las corrientes de marea como suele hacer en su Bretaña natal.

Es la madrugada del día 1. Erwan está muy fresco, porque ha estado fondeado durante varias horas y ha descansado profundamente; en cambio, Albert hace ya tres días que apenas duerme y el cansancio empieza a pasarle factura y le hace perder la orientación. Con alegría pone proa un poco a sotavento, amolla escotas y ve cómo el *Escuela Náutica de Catalunya* inicia pequeñas planeadas. De repente se da cuenta de que no, de que aún no ha superado Finisterre, de que tiene que seguir ciñendo, y quizás echar algunos bordos más. Es una zona de bastante tráfico y Finisterre aún está lejos, a barlovento.

Ha amanecido y hace fresco. El viento sopla con suavidad, el mar está apacible, muy llano, como si quisiera descansar un poco después del esfuerzo del temporal. Porque el mar también se cansa. El cielo está gris, encapotado, pero son nubes altas, sin lluvia.

Albert se sienta en cubierta y empieza a quitarse el traje de neopreno. Lo hace despacio. Tiene tiempo y no le sobran las fuerzas para actuar con energía, como cuando uno se saca el traje de inmersión al volver a superficie. Este barco se mueve como un demonio, incluso con un tiempo apacible como hoy, y cualquier maniobra, hasta vestirse y desnudarse, le exige un gran esfuerzo.

Tiene la sensación de que algo le pasa en los pies, sobre todo en el izquierdo. Le duelen y supone que tiene alguna herida. Poco a poco va descubriendo su cuerpo. Ha adelgazado, pero se sorprende de los moratones que ve. Por todas partes. En los brazos, en el pecho. La espalda la debe de tener igual. Y las piernas. Y los pies... Lo que ve en los pies supera sus peores suposiciones. Incluso le da grima. Tiene unas heridas enormes, de muy mal aspecto, en carne viva. El pie izquierdo está negro e incluso apesta.

Empieza a cuidarlo inmediamente. Se pone polvos antibióticos y siempre que pueda irá descalzo, para que le dé el aire. Pero las condiciones no son buenas para que le dé el sol. Primero, porque sigue nublado; y después porque aún hace fresco y la cubierta está francamente fría.

Se le han hinchado las manos, sobre todo la izquierda. Le duele y está prácticamente inutilizada desde ayer. Casi no la puede ni mover. Está llena de granos y se pregunta si los guantes no le han provocado alguna alergia. No lleva nunca, pero en Concarneau alguien le dio un par de ésos sin dedos y los ha llevado puestos estos días hasta que se le han ido desintegrando progresivamente durante la tormenta.

Tiene heridas por todo el cuerpo. Le cuesta levantarse, se siente inútil, sin fuerzas. Por suerte, ahora no hay que hacer grandes esfuerzos y nada de cuanto le ocurre en su cuerpo es motivo de gran preocupación. Además, si algo revistiera cierta gravedad podría arrumbar a tierra. Galicia no está lejos y en su costa hay buenos puertos. Aunque normalmente a los navegantes no les gusta la proximidad a tierra y prefieren moverse en aguas profundas, algunas veces la distancia a tierra ha agravado una dolencia, una enfermedad o un malestar.

21 de octubre de 1997. A bordo del *Budapest.*
30º 27' Norte - 54º 26' Oeste

¡Qué noche tan agradable! Una luna casi llena ilumina todo el gran espacio que me rodea, el viento está establecido en unos 15 nudos y el mar apenas se mueve. ¡Qué maravilla! Condiciones de paz y tranquilidad. Solo. Con un gran barco. Con una montaña de sueños, objetivos, planes y deseos en mi mochila. Hace ya unas dos semanas que he dejado Cartagena de Indias y aún me queda un buen número de millas hasta llegar a Puerto Sherry, en Cádiz. Del calor sofocante que me ha acompañado en los primeros días de travesía he ido pasando poco a poco a una temperatura más fresca. Pero esta noche ni tan siquiera necesito el traje de aguas. Ropa interior caliente, mi viejo polar Helly Hansen de la vuelta al mundo (doce años compartiendo con él algunos rociones han llegado a asentar entre nosotros una relación de fidelidad y, creo yo, mutua admiración) y las botas bien caladas sobre unos gruesos calcetines. El *Budapest*, ligeramente escorado, con la majestuosidad de sus más de 18 metros de eslora y su descomunal manga de casi 6 metros, se desliza agradablemente sobre el mar con reposados movimientos sin bajar ni un instante de 10 nudos. ¡No hago nada y voy a 10 nudos! ¡Qué afortunado soy! Quién podía asegurarme hace apenas tres meses que hoy estaría aquí llevando en solitario este magnífico 60 pies desde Colombia hasta España.

Sentado en la mesa de cartas voy tomando mis anotaciones en ese diario personal que escribo habitualmente y que consiste en una larga carta a mi paciente Ernes. Una ojeada a los instrumentos electrónicos, una ojeada al exterior a través de los metacrilatos que rodean la cabina y... por qué no darme una vuelta por cubierta, aceptando la invitación que la noche me brinda.

Subo los escalones, apoyo mi pie derecho en el suelo de la bañera y me incorporo sin esperar a tener toda la suela de la bota apoyada perfectamente en el suelo. En el momento de darme el último impulso para salir, tan sólo el borde posterior de la bota está en contacto con el suelo teóricamente antideslizante. Resbalo con tan mala fortuna que golpeo violentamente la espalda en la esquina de estribor que limita el acceso de entrada al interior. Es un golpe seco, brusco y con todo mi peso. En nada puedo amortiguar la caída. Siento un dolor punzante, intenso y agudo. Cierro los ojos con fuerza, aprieto las mandíbulas hasta sentir que los músculos de la cara se salen de su sitio, cierro los puños como si quisiera retener el aire que tengo en la palma de mis manos, tenso todos los músculos de mi cuerpo buscando la rigidez absoluta y... ¡Mierda! ¡Mierda! ¡Mierda! Me he hecho daño de verdad. Creo que me he dado en el riñón. En mi cabeza empiezan a desfilar los terribles casos que Ernes, como enfermera especializada en nefrología, hemodiálisis, trasplantes y otros menesteres relacionados con los riñones, me ha contado. Pienso también en Alain Barazer, un compañero de Concarneau con quien he compartido numerosas excursiones en *mountain-bike* y que fue ingresado de urgencias, a punto de morir, a causa de una absurda caída de su bicicleta en la que se golpeó el riñón con una piedra. La caída no fue ni aparatosa ni violenta. Fue absurda.

Como mi encontronazo con aquella esquina. Este antideslizante de la bañera es un desastre. No sirve para nada. No sé por qué la suela de las botas de agua no se prolonga hacia arriba por los laterales, por la puntera y por la talonera. Sí. Alain se salvó porque aun estando en la montaña, lo pudieron llevar a un hospital. Pero ¿a mí quién diablos me va a llevar a un hospital?

Ernes. Eduard. Víctor. Por mi cabeza van pasando diversidad de pensamientos. Algunos banales. Otros no tanto. Mis seres queridos. Sus rostros. Nuestro mutuo amor. Nuestro deseo de compartir aún un montón de cosas maravillosas en esta vida. No puede ser. Aún me queda mucho por vivir. Además, ellos están allí. Me esperan. Qué cosa más absurda. ¿Voy a morirme aquí? ¿Encontrarán el barco a la deriva dentro de un tiempo? ¿Me encontrarán muerto a bordo? Tendrán que hacerme una autopsia para saber qué me ha ocurrido y descubrirán que un impacto ha provocado el fatal estallido de mi riñón derecho. Supongo que si me encuentran, le darán el diario de a bordo a Ernes.

Los pensamientos van saltando de un lado a otro, de un tema a otro. Soy un ordenador desbocado abriendo ficheros y carpetas de forma caótica y desordenada. Pero la imagen de mis tres seres queridos sigue presente de forma continua como si fuese el fondo de la pantalla. Me da la fuerza necesaria para no creer en lo que puede ser una realidad evidente. Vuelvo a cerrar los ojos y, como buscando la mayor concentración posible, pienso en el riñón y traslado hacia él toda la fuerza y la lucha que tiene lugar en mi cabeza. En ella sólo tengo la imagen de mi riñón derecho, acompañada de unas palabras que dicen: ¡Aguanta, riñón, aguanta! ¡No puedes hacerme esto ahora! Tenemos que llegar. ¡Aguanta! Todos estamos dispuestos a echarte una mano. Los mensajes van cargados de fuerza y de rabia, como cuando hablamos con los dientes apretados dejando salir las palabras sólo moviendo los labios.

Estoy en esa posición durante más de un minuto. Duele. Pero lo que menos me preocupa es el dolor. Esto no tiene remedio. Si realmente me ha hecho estallar el riñón... ¡NOOOO! De mi boca sale un grito real y ascendente negando lo que puede ser una fatalidad total, absoluta y definitiva.

¿Qué puedo hacer yo, aquí, solo, en medio del Atlántico, si realmente el riñón me ha estallado? El dolor es intenso, pero mi pensamiento es de continua negación. Mis exclamaciones lo corroboran. No puede ser cierto. ¡No! ¡No! ¡No! Agarrado a uno de los winches de barlovento, toda la musculatura de mi cuerpo sigue en una tensión brutal. Incluso estoy de puntillas para acentuar aún más esa tensión.

Poco a poco me relajo, me encojo y, en cuclillas, empiezo a tocarme con mi mano la zona dolorida. Presiono suavemente buscando el punto que más me duele. ¿Mando un mensaje por Standard C?

Dejo pasar un buen rato antes de bajar a la mesa de cartas. Estoy muy dolorido. Incluso noto el brazo derecho falto de fuerza y todo mi costado derecho parece atenazado y ebrio de dolor. Por fin me decido a mandar un fax a Toni Guiu. No quiero alarmarlo, pero en él le anoto de la forma más clara posible mi sintomatología y le pido que hable con Ernes para saber cuál es la mejor acción a emprender.

El botiquín del que dispongo a bordo es completísimo, pues es el reglamentario de la Vendée Globe y Nandor Fa (el propietario del barco) no ha usado nada de él. Es de noche y Toni encontrará el mensaje por la mañana al llegar a su despacho. Tengo que esperar un poco. Unas cuantas horas... Suerte que es muy madrugador y me contestará inmediatamente...

El parpadeo en el aparato del Standard C indica que está llegando un mensaje. Espero el final del parpadeo para entrar en el ordenador y ver qué dice. Por mi cálculo de horas tiene que ser Toni, que seguramente ya ha hablado con Ernes. Así es. La primera impresión que tienen es positiva. De una manera algo más fina me dicen que si, pasadas todas estas horas, aún no me he muerto, es que no hay ningún problema grave en el riñón. Es un consuelo.

Horas más tarde, a las 12 GMT, a través de mi buen amigo Juan Carlos Navas, de Madrid Radio, puedo hablar con Ernes. Ha hecho alguna consulta más con los médicos del servicio de Nefrología del Hospital del Mar de Barcelona y le han corroborado lo que ya me había anticipado. Por mi parte el dolor se ha extendido a todo el costado derecho incluyendo la pierna y el brazo. Este último carece además de la fuerza mínima y de la movilidad necesaria para poder darle incluso a una manivela de winche. Aún así puedo asegurarle, para satisfacción de todos, que el punto central donde siento más dolor al presionar con los dedos está ubicado más arriba del riñón.

Qué susto más grande he tenido. Qué miedo he sentido, no tanto por la muerte en sí, sino más bien por la muerte lejos de quienes yo más quería, por la muerte en soledad. Qué solo he estado en esos instantes y, excepcionalmente, qué solo me he sentido. He comprendido la tragedia de la soledad cuando, enfrentado a lo más duro de esta vida que es la muerte, nadie está cerca de ti para apoyarte, ayudarte y quizá salvarte. He comprendido, o creo haber comprendido, lo que es la Soledad con mayúscula.

Dos días después del incidente empiezo a poder maniobrar con el brazo derecho. El dolor se ha centrado a la derecha de la columna vertebral y puedo deducir que tan sólo me he roto dos costillas. Dos semanas más tarde, al llegar a Barcelona, un médico me certifica que lo que había tenido era efectivamente la fractura de dos costillas.

Capítulo 8

LA SOLEDAD EN TIERRA
Finisterre

Al menos hoy no llueve y esto ya es agradable, porque Albert puede abrir un poco el tambucho y ventilar la cabina, que buena falta le hace. Navega cerca de Finisterre y piensa que cuando lo supere, como se tendrá que abrir un poco hacia sotavento, más al sur, quizá podrá poner otra vela.

A las seis saca su teléfono portátil de las bolsas estancas en las que lo guarda y comprueba si en esta costa hay cobertura. Está prohibido, pero hace días que lo tiene pensado. No pedirá ninguna información sobre el tiempo ni nada que se parezca a una ayuda externa. Llama a Ernes. Es la primera vez que habla con alguien desde el lunes y le comenta que acaba de pasar los tres peores días de su vida de navegante. No es que el temporal fuera más duro que otros que ha vivido, pero sí lo ha sido cruzarlo en este barco tan pequeño y que se mueve como un demonio. Tiene muchas ganas de llegar, porque las contusiones le hacen difícil moverse a bordo.

Albert le habla de sus heridas. Le dice que no quiere tomar antiestamínicos porque le podrían provocar somnolencia y no puede permitirse el lujo de quedarse dormido en medio del mar. Puede dormir, pero dentro de un límite y de un control. Los antialérgicos le podrían hacer perder este control imprescindible en un solitario.

Ernes lo nota animado, muy animado. Y se da cuenta de que vuelve a ser su Albert, el Albert que es feliz en el mar para volver después aún más feliz a su lado. Así ha sido su vida desde hace muchos años y no se la puede imaginar de otra forma. Bueno, a veces sí que se la imagina, porque cada vez le cuesta más decirle adiós cuando inicia una travesía. Pero sabe que no funcionaría, que a Albert no se le puede obligar a quedarse en tierra, porque se sentiría enjaulado. Es un pájaro que necesita volar para volver al nido.

Hacerse a la mar a menudo no resulta fácil. Cuando conocí a Ernes hacía apenas un año que navegaba. El gusano del agua salada me había entrado con fuerza y ella ya me conoció con esa apasionada relación que me unía al mar.

Los años fueron pasando y mis travesías fueron alargándose. Mis períodos fuera de casa eran cada vez más importantes. Fines de semana, semanas, meses... Pero ella nunca supuso ni un impedimento ni un freno.

Cuando me hago a la mar parto en busca de mi soledad. Cuando me hago a la mar me la llevo conmigo en mi mente, en mis recuerdos y en mi corazón, pero nada a mi alrededor me lleva a recordarla.

Cuando me hago a la mar no siento su ausencia más que en mi interior.

Cuando me hago a la mar no hay en mi barco más sillas ni más platos que los míos.

Cuando me hago a la mar, a ella, en cambio, la dejo con la soledad del día a día.

Cuando me hago a la mar, en su mesa queda una silla vacía con los platos y los cubiertos dispuestos para un comensal que al final no llegará.

Cuando me hago a la mar la vida en casa se endurece, la soledad se acentúa.

Cuando me hago a la mar, en casa cada rincón, cada situación, cada decisión le llevan a sentir mi ausencia.

Hacerse a la mar es difícil pero muy enriquecedor. Ver partir es...

Cuando me adentro en la oscuridad del mar siento temor. Cuando miro atrás y veo su silueta en lo alto del muelle siento admiración. Mi esfuerzo, muchos lo reconocerán. El suyo, tan sólo yo lo apreciaré.

Después de hablar con Ernes, que es enfermera, Albert llama a su padre, que es médico. Lo quiere felicitar, porque hoy es su cumpleaños. Después habla con Robert Vallribera, el amigo que le llevó el barco por carretera hasta Concarneau y con el que decidió colocar un baby-estay en el palo. Quiere agradecerle la idea: sin este refuerzo, es posible que el mástil no hubiera aguantado la paliza de tantos pantocazos contra las olas y de tantas caídas desde lo alto de las murallas de agua de los últimos días.

Se entera de que el temporal ha diezmado la flota. De que han tenido que recuperar a cuatro en helicóptero. Se queda muy sorprendido. No cree que la tormenta haya sido tan fuerte como para tanto accidente. A él prácticamente no le ha pasado nada. Es verdad que Albert y el barco se han llevado una buena paliza, pero no cree que haya sido tan extraordinario.

Le dicen también que ahora va en vigésima sexta posición. No comprende cómo ha podido pasar a tanta gente. Supone que fue en la noche del 28 al 29, aquella que pasó a la caña negociando olas porque el piloto no podía con ellas. Aquella noche mágica a la luz de la luna, en la que sorteó montañas y cruzó enormes extensiones de espuma blanca.

Albert no lo sabe, ni lo sabrá hasta que llegue a Lanzarote, pero en aquel momento no va el vigésimo sexto, sino el undécimo. Se está comportando como el gran navegante que es. Está haciendo una travesía de libro. Ha sabido dosificar sus fuerzas y la resistencia del barco, y ha negociado perfectamente el temporal. Apuntó a Finisterre durante dos días, viró hacia el oeste cuando el rumbo empeoró y volvió hacia el sur cuando pasó lo peor y el viento empezó a rolar de nuevo hacia el oeste. Su experiencia le ha permitido huir del fondo del golfo de Vizcaya, donde han caído buena parte de sus compañeros de flota.

Aquella noche mágica adelantó a bastantes rivales. Pero no fue sólo aquella noche, cuando saltó del puesto 51 al 26. En las veinticuatro horas siguientes perdió dos posiciones, calculadas en función de su distancia en línea recta hasta Puerto Calero. Pero los navegantes saben que estos cálculos son equivocados. En aquella jornada de navegar hacia el oeste puso los cimientos para su segundo gran salto en la clasificación. Se colocó a barlovento de casi toda la flota, en buena posición para recibir antes que los demás la rolada al oeste-suroeste. De paso consiguió cubrir el trayecto en menos millas que quienes se empeñaron en aguantar el rumbo que más los acercaba a Finisterre. Y aunque se acercó más al centro de la borrasca, se movió en aguas oceánicas, más profundas, con el mar menos arbolado y con mayor distancia a la costa que tenía a sotavento, el gran peligro de todo navegante.

Capítulo 9

LA REALIDAD DE LOS SUEÑOS
Alucinaciones

Es ya mediodía cuando deja Finisterre por el través de babor. El día es gris, el cielo está completamente encapotado, pero son nubes altas, sin lluvia y el viento es completamente manejable. El mar está casi calmado. Lleva toda la mayor izada y navega a 7 nudos. No está nada mal ciñendo en un barco de este tamaño. De hecho, debe estar al límite de la velocidad teórica del casco. Es decir, de la velocidad máxima que puede alcanzar un barco cuando no planea, y que depende directamente de su eslora.

Cuando deja Finisterre por babor prepara el botalón. Ahora sí que se acabó el ceñir. Lo ha estado pensando durante horas. ¿Pondrá el *drifter* o un *spinnaker* asimétrico? Tras muchas dudas, se decide por el *drifter:* hace muy poco viento y además le permitirá aguantarlo cuando el viento le role un poquitín hacia proa.

Preparar la maniobra le lleva media hora. No se siente ágil, le duele todo el cuerpo, está cansado. Pero consigue izar la vela y cuando por fin caza la escota se da cuenta del error. El viento viene demasiado de proa para navegar con el *drifter.* Con esta vela no puede mantener ni siquiera un rumbo paralelo a la costa. Y para aproar a Lanzarote debe apartarse poco a poco de la Península.

No le toca otro remedio que arriar el *drifter* y volver a izar el foque. Caza escota y pone el *Escuela Náutica de Catalunya* a rumbo. De hecho decide apartarse de la costa para evitar repetir la experiencia del 87, cuando bajó pegado a Portugal porque era el rumbo que más lo acercaba a las Canarias. Aquello le supuso una tensión constante por el tráfico marítimo, que tenía que vigilar día y noche. Recuerda con angustia su navegación a la altura de Lisboa, cuando llegó a contar diecisiete mercantes navegando a su alrededor. ¡Uf! ¡Ni hablar de repetir aquella experiencia! Caza escotas, se pone a ceñir y conecta el piloto automático al nuevo rumbo. Después, recoge el botalón y toda la maniobra que tanto esfuerzo le había costado preparar.

A primera hora de la tarde decide abrir el contenedor de emergencia, aun a sabiendas de que puede ser penalizado por ello. En su interior hay un transmisor VHF y con él consigue hablar con el *Marion,* uno de los barcos de seguimiento de la regata. Les comunica su situación. Les habla de su estado físico, de sus problemas con las manos y el pie. Les dice que no puede comer caliente, porque no tiene forma de encender el fogoncillo. Se siente mejor después de hablar con otros navegantes. Aunque sigue sin darse cuenta de que está ya muy cerca del primer pelotón de la Mini-Transat. Y de que tiene el grueso de la flota por la popa.

De lo que sí se da cuenta es de su cansancio. Empieza a vivir las primeras alucinaciones de que a bordo no está solo. Escucha conversaciones. Le pasa sobre todo al anochecer. Cuando cierra los ojos para echar una cabezadita, lo hace con total tranquilidad porque sabe que alguien está vigilando. Cuando se despierta al cabo de unos pocos minutos y mira a cubierta, se sorprende al ver que quien lleva el barco es el piloto automático. Su primer pensamiento es «el cabrón se ha ido sin ni siquiera decir adiós». El *cabrón* es cualquiera de sus amigos, navegante o no, que en su imaginación llevaba el barco cuando se fue a descansar. Por este sistema, a bordo ha tenido a Alain Gautier, y a Michel Desjoyeaux, y a Nathalie Fornès, una periodista de Port-la-Forêt, y a Robert, y a Antoine, el sobrino de Alain.

También confía ciegamente en amigos suyos que lo vienen a ver aunque no hayan subido a un barco en su vida. Les deja el timón convencido de que lo avisarán si pasa algo. E incluso habla mentalmente con ellos.

Se plantea que los sueños y la realidad están tan cerca unos de la otra que se confunden, y pierde conciencia de la frontera que los separa. Sabe que es puro agotamiento. Ha dormido muy pocas horas en los cuatro últimos días y lo ha hecho además en períodos muy cortos.

Albert sabe que en la soledad del mar, lejos de tierra, uno tiene cierta tendencia a magnificar las cosas. A dar demasiada importancia a lo que a veces no la tiene. A encontrar explicaciones que, una vez llegados a tierra, uno considera absurdas. Sabe muy bien, por haberlo vivido anteriormente, que en la soledad del mar, lejos de tierra, uno tiene cierta tendencia a mezclar los sueños con la realidad... o la realidad con los sueños.

13 de noviembre de 1997. A bordo del *Budapest.*
En Mona Passage

En un principio había previsto ir desde Cartagena de Indias hasta Guadalupe y desde allí hasta Puerto Sherry. Pero poco a poco he ido viendo lo absurdo de la ruta. Navegar por el mar del Caribe, ciñendo hacia el este, para luego tener que subir hacia el norte, me ha parecido ilógico. Es más razonable hacer un bordo directo al NNE con la intención de salir del mar del Caribe a través de Mona Passage. Al final tampoco ha sido un bordo directo pero aquí estoy, tras un semana de navegación, enfilando el paso que separa la República Dominicana de Puerto Rico.

En mi breve estancia de tres días en Cartagena de Indias no me fue fácil encontrar una carta de esta complicada zona. Finalmente, el patrón de un crucero americano amarrado en el Club de Yates, me prestó una con el fin de fotocopiarla. Este simpático gesto fue acompañado de una explicación de las zonas a evitar en Mona Passage. "Sobre todo ten cuidado. En la punta nordeste de la República Dominicana hay un área de poca profundidad donde la corriente es contraria al viento dominante. Eso da lugar a un mar en constante ebullición lleno de borregos blancos y con fuertes y peligrosas corrientes. Debes procurar evitar esa zona." Pensé en nuestro cabo Trafalgar, cerca de Cádiz, donde tiene lugar el mismo fenómeno y tomé buena nota de ello.

Noto cansancio acumulado y me estoy acercando a las costas de la República Dominicana. Decido echar una cabezadita. Una de esas breves que hago yo en las que soy capaz de soñar las más increíbles historias...

En los dos últimos días he estado muy pendiente de cualquier barco que apareciese por el horizonte. No me apetece nada ser presa de algún pirata moderno. Sería un final bastante triste.

Navego amurado a estribor con poco viento y a sotavento tengo la costa de la República Dominicana. De seguir con este rumbo pasaré irremediablemente por encima de la zona que me han desaconsejado y si además cae el viento, cosa que no parece improbable, ya me veo derivando sobre la costa y preparando el fondeo para no embarrancar en ella. Desde hace ya un buen rato veo en proa, a lo lejos, una lancha de considerables dimensiones. Parece que esté parada esperando que yo me vaya acercando a ella. No tengo muchas alternativas. Con el poco viento reinante, el otro bordo me aleja considerablemente de mi objetivo. Observo con los prismáticos y, para mi tranquilidad, puedo comprobar que no son piratas. El casco blanco cruzado por una franja roja en diagonal es característico del guardacostas norteamericano.

Al ver que siguen en el mismo sitio, como si estuvieran esperándome, conecto el VHF. No tardo en recibir su llamada. Me preguntan un montón de cosas: de dónde vengo, adónde voy, cuántos vamos a bordo, cómo me llamo, mi nacionalidad, quién es el armador, la bandera del barco, etc. Sólo falta que me pregunten cuál ha sido el menú de mi última comida o cuál es el nombre del hámster de mi hijo. Tras el intenso interrogatorio me anuncian, con absoluta corrección, que, si no me parece mal, procederán a subir a bordo para efectuar una inspección y constatar todo cuanto les he ido respondiendo. Les contesto que serán muy bienvenidos, pero que mi posición no es ni fácil ni segura. Navegando a vela, en solitario, ciñendo con poco viento y con una costa a sotavento en una zona de fuertes corrientes, no puedo detener el barco sin incurrir en un grave riesgo para la embarcación que patroneo. Por qué será que cuando hablamos con las autoridades nos sale una verborrea que raya la gilipollez. Pero de algo ha servido, porque me han dicho que yo no me preocupe de nada, que prosiga con mi navegación que ellos se harán cargo de toda la maniobra. Ante la proximidad de la noche les advierto que carezco de luces de navegación. La luz de tope de palo se fundió la primera noche de navegación tras salir de Cartagena de Indias y tengo muy claro que navegando solo no me voy a ir a 27 metros de altura para cambiar una bombilla de m... En su lugar, y para que me tengan permanentemente localizado, fijaré en popa una luz intermitente estroboscópica.

Yo sigo concentrado a la rueda. Debo aprovechar cualquier pequeña rolada para poder librar el cabo que tengo frente a mí. Me encuentro de lleno en medio de la efervescencia que aquel patrón americano me recomendó evitar. La noche cae con la habitual rapidez de esas latitudes. La patrullera del Coast Guard se coloca a mi popa y me sigue a media milla de distancia. Pasan los minutos y nadie hace acto de presencia. La noche es realmente oscura y además por barlovento se acercan unos amenazadores cumulonimbos. Veo las luces de la patrullera. Aprieto el botón del piloto, salto al interior y les llamo para saber cuáles son sus intenciones. Me responden que no tardarán en llegar y que no me preocupe. Vuelvo a la rueda. Empieza a entrar un poco de viento que acelera el barco hasta ponerlo en unos 7 nudos. Al rumbo que voy libraré cómodamente el cabo y mi velocidad contrarresta ampliamente la fuerza de la corriente. Que se mantenga. Que se mantenga. 8, 9, 10. El barco acelera y se desliza con gran regularidad sobre un mar ideal. Estoy disfrutando y totalmente inmerso en esas sensaciones cuando de pronto una voz me hace dar un salto hacia barlovento. Una impresionante lancha neumática se ha acercado por sotavento y no me he dado cuenta de su presencia hasta que ya casi tocaba el casco del *Budapest*. ¡Qué susto me han dado! La imagen es realmente grotesca y a la vez abrumadora. Diez marineros uniformados, todos de pie, van agarrados a un soporte central de la lancha mientras un undécimo permanece sentado gobernándola. Largo un poco la escota de la mayor, pongo el piloto automático y les invito a subir a bordo. Cuatro de ellos van saltando y entrando en la bañera. La escora del velero hace que la regala esté relativamente cerca del agua y facilita la maniobra. El de mayor graduación se presenta estrechándome la mano a la vez que me presenta al resto de compañeros. Le digo que, como puede ver, hay un chubasco a punto de entrar y que está en su casa para poder inspeccionar cuanto quiera. Entramos en la cabina y le dejo todos los papeles del barco y los míos personales para que los vaya contrastando, a través del VHF, con la patrullera que nos sigue a unos 50 metros con un potentísimo foco iluminando todo el velero. Le pregunto qué buscan. "Clandestinos." Según parece hay un importante tráfico de gente que huye de la miseria de la República Dominicana para entrar en el sueño dorado americano de Puerto Rico. Le digo que haga y mire cuanto quiera, pero yo debo estar fuera porque noto que el viento está subiendo. En la bañera se han quedado dos de ellos con sus impecables camisas y sus perfectamente planchados pantalones marrones. Yo aquí estoy, tan sólo con un bañador y a pecho descubierto, dispuesto a recibir la ducha que ya empiezo a oler. Un minuto más tarde entra el chubasco de golpe. El barco hace una gran escorada y se va ligeramente de orzada. Largo escota de mayor, enrollo el génova, tomo un rizo en la mayor y abro el solent. Son cinco minutos de intensa maniobra bajo una lluvia torrencial que a mí me sabe a gloria por el calor sufrido durante el día. No creo que a los dos marineros que me acompañan en la bañera les siente de igual manera. Sentados impasibles y sin moverse mientras yo voy de un lado para otro maniobrando, su ropa queda lógicamente empapada. Me sabe mal porque aquello, en cierto modo, ha estropeado la magnífica escenografía que han montado para mí.

Pero lo mejor de la obra está aún por llegar. Todo lo que el chubasco tiene de violento, lo tiene también de breve. El viento ha rolado y el barco navega a 13-14 nudos establecidos. La patrullera y la lancha neumática nos siguen. Firmo el impreso según el cual he recibido la visita del Coast Guard americano e inician la maniobra de desalojo. Siguiendo sus indicaciones freno algo el barco y se preparan para ir saliendo por barlovento. El primero salta perfectamente pero el segundo resbala y cae al agua entre el *Budapest* y la lancha motora. Yo creo que aún el pobre marinero no ha tocado el agua cuando el piloto de la motora da toda atrás y por todas partes empiezo a oír gritos de "*Man overboard!*

man overboard!" a la vez que un montón de flotadores salen de la neumática y caen al agua. ¡Qué despliegue! ¡Qué eficacia! Quedo impresionado. Eso lo han entrenado un montón de veces.

Mantengo mi velero a rumbo. Nada puedo hacer más que contemplar a la luz del potente foco de la patrullera aquel despliegue de medios que estaban efectuando para mí. Puedo ver a contraluz la sombra del marinero al ser izado a bordo de la lancha. De nuevo vuelven a la carga y de nuevo lo hacen por barlovento. Le insinúo a uno de los que quedan a bordo que sería mejor hacerlo por sotavento. La escora es ideal y dando un simple paso pasarán de una embarcación a otra sin mayores problemas. Así lo hacen y dos minutos más tarde vuelvo a estar solo, envuelto por la negra noche y con algunas estrellas brillando entre las nubes. Miro hacia popa y busco las luces de la patrullera. Veo su luz blanca de popa. Les llamo por VHF interesándome por el estado del marinero que ha caído al agua. Se encuentra en perfectas condiciones. Me desean una feliz travesía. Desconecto el VHF.

Algo más tarde me despierto después de echar una de esas breves cabezaditas que hago en las que soy capaz de soñar las más increíbles historias...

Al subir a cubierta para ver si aún se vislumbra la isla, en la penumbra del interior, veo un papel en el suelo. Lo recojo, lo acerco a la luz de la mesa de cartas y ahí está. Es la prueba de que todo aquello que he vivido en la última hora y media no ha sido un sueño. Es una copia del papel que he firmado al oficial del Coast Guard. Me siento muy feliz y lo guardo cuidadosamente en mi carpeta de documentación. De no ser por él tendría mis dudas sobre la realidad de todo cuanto me ha pasado.

Albert tiembla todo el día de puro frío. O de pura fiebre. Lleva dos días temblando sin cesar, con castañeteo de dientes, tiritando. Toma un poco de medicación para bajar la fiebre y recuperarse físicamente.

El viento calma. El *Escuela Náutica de Catalunya* va echando bordos, porque el viento rola mucho, no está establecido y

Albert poco a poco se echa otra vez encima de la costa. El fantasma del tráfico marítimo cerca de Lisboa vuelve a rondar por su cabeza y decide virar de nuevo. Se va al oeste, decididamente. Se va en busca de su Atlántico, con vientos estables. Está convencido de que allí tiene que haber un frente, detrás del cual el viento se abrirá y le permitirá hacer rumbo directo. No ha escuchado ninguna información meteorológica, pero está convencido de ello. Se lo dice su lógica –¿o su intuición?– de marino. El rumbo –aproa al 280– es rematadamente malo, pero cree que vale la pena. No puede seguir cerca de tierra, con tantas roladas y tanto cansancio acumulado.

Hacia el mediodía se cruza con el *Marion*. Empieza viendo una vela en el horizonte, después comprueba que es un queche, con dos palos, y cuando lo tiene más cerca se da cuenta de que es el *Marion*, en el que van Luc Coquelin y Chantal, su compañera. Es un muy buen amigo suyo desde que ambos corrieron la Mini-Transat del 87. Han seguido teniendo contacto y una relación muy bonita en la distancia. Ahora hace de barco de seguimiento. Durante un rato se pone a su lado. Lo pasa por sotavento. Él sigue hacia el oeste, en busca de este frente que su mente ve tan claro, con un viento de poniente detrás.

Y allí llega el frente. Esta vez no lo ve en su cabeza, lo ve en el cielo. A medida que se va separando del *Marion*, que se dirige hacia el sur, aprecia con claridad la línea muy bien definida del final de las nubes, detrás de la cual hay una zona de azul. El frente tiene que estar allí.

Y así es. Cuando llega allí, el viento empieza a rolar. Pasa a ir al 290, 300, 320, 330. ¡Se está alejando cada vez más de Lanzarote! Sólo entonces, cuando está bien metido en este nuevo viento decide virar para ir hacia el sur. Ya casi no ve al *Marion* ni ellos lo ven a él. Le gustaría que lo pudieran ver para que se dieran cuenta de que unas millas más al oeste encontrarían un viento más favorable. Y tampoco se lo puede decir por radio, porque podría oírlo alguno de los rivales.

No sólo puede aproar a las Canarias, sino que incluso puede poner el *spinnaker*, porque el viento ha rolado ya al noroeste. Es la primera vez que lo izará. Pone el *spinnaker* pequeño y el barco empieza a coger arrancada porque hay un buen vientecito, quizás una veintena de nudos.

El *Escuela Náutica de Catalunya* parece resucitar. Está alegre. Por fin Albert le da el alimento que le gusta a este barco: viento portante. Y el barco le responde inmediatamente. Primero se pone a trotar, pero pronto inicia un buen galope. Calcula que debe de estar haciendo unos 13 nudos de media. No quiere pensar en cuántas millas son en veinticuatro horas, pero... A este paso, se planta en Puerto Calero en un santiamén. No, no es ninguna alucinación. Se mantiene casi todo el rato por encima de los 13 nudos. Está sentado en la bañera, con la caña en la mano, y lee los grandes números de la corredera: 16, 15, 14, 10, 14. ¡Qué gozada!

Va a la caña, porque en estas condiciones el piloto lo tiene difícil. Hay que mantenerse muy vivo, porque los acelerones son bruscos, y ayudar al barco a mantenerse sobre la ola tanto tiempo como sea posible. El cansancio no ha desaparecido, pero le compensa ver la alegría con la que responde el barco. Cómo levanta bigotes en la proa. Y cómo se alarga la estela por la popa.

Seguramente es demasiado bonito para ser verdad. En una flameada del *spinnaker,* se le abre el mosquetón del puño de escota. Hay que arriar la vela para volver a colocarlo. Cuando inicia la maniobra se le escapa el puño de amura. ¿Por qué? Lo sabe demasiado bien. Está cansado. Y lo malo es que el *spinnaker* se le ha quedado como una bandera arriba del palo. No tiene forma de arriarlo. Con este viento y las olas que se han levantado en apenas una hora, no piensa subir al palo para colocar un cabo a modo de cargadera en el puño de driza. Por suerte, la braza no se ha soltado y cuelga del puño de amura.

Pero tal como está el *spinnaker,* no puede alcanzarla. La recuperación será laboriosa, piensa con resignación. Arría la mayor e iza el foque. Después, se pone en popa redonda, de forma que el *spinnaker* vuele por encima de su proa y el cabo del puño de amura dé golpes cerca del barco. Finalmente, alargando el brazo, bien atado él para no caerse al agua, puede coger el cabo y recuperar la vela tirando de él.

Inicia la arriada, pero está claro que ésta no es la mejor maniobra de su vida. El *spinnaker* se le va al agua, el barco se para primero y se le tumba después, porque con la velocidad el *spinaker* va cogiendo agua. Al final, tirando fuerte, fuerte, lo recupera, lo sube a bordo. No ha pasado nada. Pero él ha sufrido un buen rato, solo en medio del océano, sin nadie que pudiera echarle una mano.

Y sin ningún viso de que el viento perdiera intensidad para facilitar la recuperación de la vela.

Era una maniobra que ha hecho infinidad de veces, pero está claro que uno pierde muchos reflejos y claridad de ideas cuando lo vence el cansancio. Aunque haya podido dormir un poco más desde que pasó Finisterre, nota la paliza de los seis días que lleva en el mar.

A veces las nubes se rompen un rato para dejar pasar el sol y seguramente no hace tanto frío, lo que le ayuda a sentirse mejor. Pero a pesar de los antitérmicos sigue tiritando a toda hora. Se aplica religiosamente los polvos antibióticos en las heridas del pie; después lo venda con gasas y esparadrapo. De noche, cuando hace más frío, se pone un calcetín encima y se calza las botas.

Amanece el día 3. Sigue estando nublado. Después de tantos días sin sol empieza a sufrir por las baterías, porque está tirando de piloto automático y el voltaje va bajando. Salió de Concarneau con las baterías a 12,95 voltios y ahora ya están a 12,30. Así aún funcionan, pero le quedan unos cuantos días hasta Lanzarote y como no salga el sol, no podrá recargarlas. Si se le acaban las baterías, tendrá que llevar el timón a mano, lo que empeorará su cansancio, alargará aún más la travesía... Sufre, cada vez le da más pereza llevar la caña de forma intensiva. Y empieza a pensar que el sol no existe en esta zona. El cielo está completamente tapado y él sigue avanzando hacia el sur. Tendría que salir el sol, pero no aparece por ninguna parte.

Se nota cansado. Es consciente de que podría ir más rápido, sacarle más partido al barco, pero no se ve con fuerzas de apretar el acelerador, de izar el *spinnaker,* cambiar las velas cada vez que el viento cambia de humor. Le duele el pie, le duele también una de las manos. No puede trabajar con ella y él se queda apático, aplatanado. Está convencido de que tiene a todos sus rivales por delante. Es un pensamiento que no lo abandona desde que salió un día después que los demás. Y no fuerza la máquina. En absoluto.

Quienes sí fuerzan son quienes están cerca de él.

Sébastien Magnen parece haber puesto la directa y lleva ya 40 millas de ventaja al neozelandés Sayer. A éste lo persigue un pelotón de tres o cuatro corredores que buscan un puesto en el podio. Sin olvidarse de Josse, de quien no se tienen noticias desde hace varios días, pero que podría reaparecer en cualquier momento, incluso en cabeza de todos ellos.

Las medias suben a ojos vista. Seguramente todos navegan con *spinnaker*. De otra forma no podrían hacer ocho nudos sostenidos a lo largo de veinticuatro horas.

Alex Bennett, a bordo del *English Breads,* es uno de ellos. Ayer se llevó un buen susto, cuando el barco se le fue de rumbo mientras planeaba a 12 nudos. El *spinnaker* se le fue al agua y se le enredó entre la quilla y el timón.

Después reventó su otro *spinnaker*. Decidió ser prudente y no izar más esta vela hasta Lanzarote. Cumplió su promesa unas pocas horas. Le bastó ver cómo *Pour les Enfants du Monde,* de Boris Rohou, le adelantaba en sus mismas narices para desempolvar de nuevo el *spinnaker* roto, repararlo a toda prisa e izarlo otra vez. Ya lo decía el viejo Astérix: ¡Están locos, esos... solitarios!

Muy lejos, en Concarneau, catorce barcos vuelven a zarpar. Saben que la victoria es imposible. Ni siquiera pretenden quedar bien clasificados. Lo único que desean es atravesar el Atlántico, en solitario. Han esperado a que mejorara el tiempo y pretenden llegar a Lanzarote a tiempo de poder correr la segunda etapa. Lionel Lemonchois, el gran favorito de hace tan sólo una semana, también zarpa desde La Trinité-sur-Mer, después de colocar un nuevo mástil.

Capítulo 10

EL RAYO VERDE
Llegada a Puerto Calero

Amanece un nuevo día. Es el 4 de octubre. La vida empieza no a ser rutinaria, pero sí establecida. No hay temporal, el tiempo es relativamente bueno. Albert hace rumbo casi directo y por primera vez empieza a tener un poco de sol, lo que le permite cargar algo las baterías, secar la ropa, ventilar el interior y que a su pie le den el sol y el aire, que es la mejor medicina que le puede aplicar. La muñeca de la mano derecha da asco, está completamente abierta a causa del neopreno e incluso huele mal. También le aplica polvo antibiótico y procura que no se le pegue nada. Lo que no es nada fácil, porque necesita las manos para todas sus tareas. Por mucho que intente trabajar con una sola mano, y aguante los cabos con los dientes, a menudo acaba usando la mano herida sin darse cuenta. Hasta que es demasiado tarde y un latigazo de dolor le recuerda su error.

Ha entrado viento del nordeste, que a veces vuelve al norte. Ya no está en el cuarto cuadrante, sino en el primero. Ha trasluchado y va amurado a babor, rumbo directo a Lanzarote y a una velocidad de entre 7 y 8 nudos. No está mal para una travesía, aunque en regata podría sacarle un poquito más. Pero él no se siente en regata desde que volvió a entrar en el puerto de Concarneau el domingo por la tarde. ¡Cielos, qué lejos queda aquello!

El barco, la verdad sea dicha, va bastante bien. El cielo presenta un aspecto un poco de alisio, esta masa de nubes pequeñas con la base de todas ellas al mismo nivel y esparcidas por el cielo.

Sin darse cuenta, al caer la tarde está pendiente del horizonte. Le ocurre casi siempre que pasa por esta zona. Y cuando hace sol, su subconsciente vuela a un atardecer mágico.

Diciembre de 1998.
En el Atlántico, camino de Canarias

Hace muchos años vi una película francesa que se llamaba *Le Rayon Vert* (El rayo verde). En realidad yo no sabía qué era el rayo verde. Cuando vi la película pensé que era una licencia artístico-meteorológica que se había permitido el director del film. Años después, en la universidad, descubrí el principio físico que daba pie al fenómeno del rayo verde. Recuerdo que durante la vuelta al mundo en el *Fortuna Lights* mirábamos atentamente las puestas de sol con la esperanza de llegar a ver el rayo verde. Fue inútil. Incluso conversando con muchos navegantes jamás llegué a conocer a uno solo que me explicara haber vivido la experiencia. ¿A ver si al final todo iba a ser un engaño?

Mi libro de meteorología explicaba el fenómeno del rayo verde como el resultado de la desigual refracción de los colores que forman la luz blanca, cuando el sol se encuentra a muy baja altura. Para que ocurra debe haber cierto grado de refracción anormal, el aire debe estar exento de polvo y no puede haber ni neblina ni bruma para que entonces el sol se mantenga más brillante y menos rojo de lo normal a baja altura.

Por separado cada una de las circunstancias se da con poca frecuencia, lo que convierte en un fenómeno francamente excepcional que concurran todas a la vez.

Al atardecer de aquel 15 de diciembre de 1988, Manolo y yo nos encontrábamos a medio camino entre la península y Canarias a bordo de un velero de 42 pies. Sentados en el tambucho de entrada charlábamos plácidamente acerca de todo y de nada a la vez. Los atunes que habíamos pescado aquella tarde, las averías en el barco, la placidez de la travesía, el trabajo de fin de carrera de arquitectura de Manolo, mis proyectos de navegación en solitario... El sol se acercaba ya al horizonte y la claridad de la atmósfera me llevó a hablar del rayo verde. Él también había visto la película, pero jamás había tenido ocasión de ver el fenómeno en directo. Seguimos absortos en la caída del sol. Poco a poco la esfera anaranjada fue desapareciendo engullida por el mar. Qué belleza. Medio sol, un cuarto. Apenas queda. En esos instantes, con la referencia del horizonte te das cuenta de la velocidad a la que se mueve el astro rey. Ya queda poco. Apenas un punto y... ¡ploff! Ya se fue. En ese mismo instante, un luminoso rayo verde estrecho y vertical, salió desde donde el sol se había puesto. Aquello duró apenas un segundo. Fue tan breve como intenso. Manolo y yo nos miramos. Buscamos en los ojos del otro el convencimiento de que lo visto no había sido sugestión individual fruto de la conversación que acabábamos de tener. "¿Tú has vistooo......?" "Yo creo que sí."

No había duda. Ambos lo habíamos visto y no era la imaginación de uno solo. Aquello era el famoso rayo verde. Existía. Aún seguimos un rato con la mirada fija en ese punto del horizonte. Quizá tenía que ocurrir algo más. El cielo y el mar fueron cambiando de colores a medida que la noche fue envolviéndonos.

Al atardecer del día siguiente estuvimos de nuevo muy pendientes del sol. De nuevo nos regaló con la belleza de un rayo verde pero de mucha menor intensidad. Seguramente las condiciones atmosféricas estaban cambiando. A la tercera noche ya no vimos nada. El sol se hundió en el mar sin dejar tras de sí ninguna huella verde.

Desde entonces jamás he vuelto a ver el espectáculo del rayo verde. Quizá jamás vuelva a verlo, pero también jamás olvidaré aquella línea verde que, proyectada desde el horizonte, unió ese día el mar con el cielo...

Al día siguiente amanece otra vez nublado al 90 o 100 por ciento. Albert no puede disfrutar del sol y vuelve a sufrir por las baterías. Por suerte, ayer se recuperaron un poco. Pero no le basta para su tranquilidad. Le da mucha pereza pensar que quizás acabe sin electricidad suficiente para alimentar al piloto automático. Y este aparato es media vida para un solitario. Sobre todo para un solitario cansado como él.

Navega con *spinnaker*. Lo ha puesto toda la mañana y sigue con él arriba toda la tarde. Pero lleva el pequeño. Se dice a sí mismo que tiene que ser prudente, aunque a veces se sincera y reconoce que quizá lo que le pasa de verdad es que no quiere forzar la máquina porque no se encuentra en buenas condiciones.

Lo que no abandona nunca son sus tareas de mantenimiento. Es la rutina de tantos años de navegar. Sabe que su tarea es prevenir las averías. Es tan importante, o quizás incluso más, que elegir el rumbo más favorable o las velas más adecuadas a cada situación. Cuando ve un cabo que empieza a dar señales de agotamiento, lo cambia antes de que se rompa. Así se evita un zafarrancho, a veces en plena noche, y casi siempre cuando carga el chubasco. Repasa los cables, en busca de algún hililllo que empiece a deshilacharse cerca de alguna terminal.

Y así evita el desastre. El sol hace horas que ha iniciado su descenso y dentro de un rato desaparecerá por el oeste. Entonces lo ve. Ve que la burda de babor, que es la que ahora está trabajando, tiene el bulón sin el pasador. El bulón está trabajando, un poco fuera de sitio, pero sin el pasador de seguridad, es decir, que puede saltar. Se queda sorprendido, porque son pasadores redondos, que no son precisamente fáciles de sacar, pero no le da más importancia. Coloca otro, que saca de un grillete.

Al cabo de un rato, mirando la otra burda, que está debajo de la botavara, se da cuenta de que el bulón está a punto de caer y de que tampoco tiene pasador. Se le pone la mosca detrás de la oreja: ¿cómo es posible que los dos pasadores de las dos burdas hayan saltado? Le da muy mala espina y empieza a sospechar que alguien ha sacado expresamente los dos pasadores a causa de toda la polémica por los *wild cards* antes de la salida.

Su primer pensamiento es que alguien le ha querido jugar una mala pasada, no a él personalmente, sino por el hecho de ser uno de los invitados a la regata. La verdad es que le cuesta creer que dos pasadores salten solos.

No se queda tranquilo. Tras sacar pasadores de los dos mosquetones de *spinnaker* y colocarlos en las burdas, vuelve a repasar todos los obenques. Y los estays. Decide eliminar los mosquetones de los *spinnakers* y trabajar directamente con nudos, para que no vuelva a pasarle lo del otro día, cuando se le abrió el mosquetón al flamearle el *spinnaker,* porque cuesta mucho recuperar la vela cuando no tienes escota de la que tirar. Y eso sin que además se te escape el puño de amura y te vuele toda la vela a la perilla del palo, como ya le pasó hace unos días.

Ahora recuerda que ya le sucedió en su anterior Mini-Transat y optó por la misma solución: trabajar los tres puños de *spinnaker* directamente con nudos. Aunque la maniobra es más engorrosa y el sistema es más lento, le garantiza que las escotas no se soltarán de la vela si él no quiere.

El tema de los dos pasadores lo deja muy preocupado, porque hubiera podido perder el palo con toda facilidad. Ha habido un buen ángel que no ha permitido que sucediera, porque el bulón de la burda de estribor estaba realmente a punto de caerse al agua. De no haberse dado cuenta, en una trasluchada o una maniobra hubiera perdido el palo.

Su cabeza le da vueltas a la cuestión. Es curioso cómo, cuando uno está solo, rematadamente solo en medio del océano, las mismas ideas vuelven una y otra vez. Como si costara que se fueran con el viento a otra parte. Probablemente será consecuencia de la falta de distracciones externas. Pero también es un poco raro, porque a bordo siempre tiene cosas en las que pensar. Y observar. Aunque sean siempre las mismas –el viento, las olas, las nubes, la luna, las baterías, el piloto, los rizos, las escotas, las velas, el mantenimiento–, son siempre distintas.

También piensa en otras cosas. Sobre todo, en las personas que quiere. A veces también recuerda cosas que le han pasado en todos estos años. Y se siente a gusto consigo mismo, aunque siga cansado. Aunque sepa que esta regata no está resultando como había soñado.

Cuando amanece el 6 de octubre, está a unas 250 millas de Puerto Calero. Empieza a hacer cálculos. Si todo va bien, llegará al día siguiente a última hora de la tarde. Ya tiene ganas de amarrar en puerto. Esta última noche ha sido relativamente tranquila, aunque las constantes roladas le han obligado a maniobrar a menudo. Pese a ello, siempre ha podido ir a rumbo, lo que le alegra especialmente: cada milla navegada era una milla que le acercaba a la bocana del puerto.

Quiere terminar esta primera etapa, pero piensa poco en la

regata. Sabe que llegar el décimo quinto supondría un éxito considerable y este resultado no deja de decepcionarlo: antes de salir, aspiraba a mejorar sustancialmente su resultado de 1987, algo que se fue al traste por su retraso en la salida.

Pese a que a veces el viento escasea, este mar huele ya al Atlántico de los alisios. Esta noche ha recibido la visita de un par de peces voladores. Durante el día se vuelve a extasiar con su vuelo. Primero se ponen a correr por la superficie del agua, como si dieran patadas con la cola para coger empuje; y después echan a volar. Es un vuelo largo de unos 100 o 150 metros, a dos, o tres, o cuatro palmos sobre las olas, y termina desviándose a la derecha o a la izquierda, en un intento de despistar al banco de atunes que lo persigue. Y así una vez y otra. Siempre el mismo pez, o cada vez uno distinto, es algo que no sabe. Como tampoco sabe cuántos de estos voladores acaban su planeo en la boca del perseguidor.

Pese a estas distracciones, sigue preocupado por las baterías. Su nivel de carga ha bajado y empieza a sospechar que mañana tendrá que pasarse el día a la caña.

Esta mañana se ha dado cuenta de que ha perdido un sable de la mayor. Es el sable que le ha estado dando la lata durante toda la travesía, el segundo contando desde la botavara. Supone que ha saltado durante la noche. Pero no tiene recambio para sustituirlo. Aunque la mayor pierde un poco la forma, al navegar con viento portante no se nota tanto.

Sigue preocupado con los pasadores. Y está francamente desentrenado. O descentrado. O las dos cosas a la vez. Hoy se le ha escapado una escota cuando trasluchaba el *spinnaker;* el botalón se le ha ido a sotavento y le ha organizado tal berenjenal, que la vela ha acabado en el agua. Suerte ha tenido de no romper nada, aunque casi se lo merecía. No se puede maniobrar sin centrarse en lo que se hace. A estas alturas no puede olvidar que un solitario debe planificar con antelación todos sus pasos si no quiere perder el control de la situación.

La última noche de su travesía la pasa en vela: está atravesando el canal entre Lanzarote y Gran Canaria y los mercantes abundan. Sabe por experiencia que pocos mercantes respetan las preferencias de paso. Es posible que algunos de los oficiales de guardia ni siquiera echen un vistazo al radar y mucho menos al mar. Tiene que maniobrar a dos de ellos, porque iban a rumbo de colisión y no han respondido ni a las señales de su foco ni a sus avisos por VHF. Ni siquiera se han dignado contestarle. Seguramente no había nadie a la escucha.

Para él es un engorro. Ha tenido que arriar el *spinnaker,* cambiar el rumbo, cazar la mayor, y después volver a su ruta, amollar mayor, volver a izar el *spinnaker...*

Avanza suavemente por un océano plagado de señales de tierra cercana. Por la mañana va viendo las montañas de la isla. El viento se va acabando. Y al final el suave zefir desaparece casi por completo. Cuando supera Roque del Este vuelve el viento, pero ya es la una de la tarde. A este paso, ¿a qué hora llegará? Va tirando hacia el sur, con la intención de pasar Arrecife y después desviarse hacia estribor, donde está Puerto Calero. Pero se da cuenta de que está navegando en popa redonda y en estas condiciones el asimétrico no trabaja nada, pero que nada bien.

Desde esta mañana está obsesionado con un barco que se está acercando por el este. Ha querido hacer rumbo directo para evitar que lo pase. Y así no se debe navegar. Se ha obsesionado con el rumbo, en lugar de hacer correr el barco. Al final, no le toca otro remedio que trasluchar para evitar la escollera de Arrecife, de tan pegado a tierra como va. Decide arriar el *spinaker* y entonces puede abrir la mayor hasta que la botavara toca el obenque.

Supera Arrecife con sólo la mayor arriba. Después iza el foque, porque el viento está demasiado aproado para aguantar el *spinnaker.*

Desde las montañas caen fuertes rachas. Toma un primer rizo. Y después un segundo. Al ir tan pegado a tierra, alterna las calmas con ráfagas muy duras que tumban el barco. Y a estas alturas no quiere un susto. Por ello navega corto de trapo cuando baja el viento, pero sabe que así puede aguantar los caprichos que se cuelan por los valles y le caen casi en vertical desde el cielo.

El barco que venía desde el este se le ha colado. Tenía un viento más estable, con menos calmas y menos ráfagas fuertes, y esto seguramente le ha permitido correr más al final.

Al acercarse a la escollera de Puerto Calero, una barca se le aproxima. El corazón le da un vuelco cuando ve a Nacho a bordo. Es una sorpresa que no se esperaba. Y tampoco se esperaba ver a Santi Serrat, que lo espera en la punta de un muelle.

Ya está. Ya ha llegado. Y se anima. ¡Qué lejos queda Concarneau, con sus problemas, ansiedades y dudas! Por suerte, reaccionó a tiempo. Supo sobreponerse a las dificultades y a la tentación de abandonar. Y hoy recoge el fruto. Ha conseguido su objetivo. Se propuso llevar el barco hasta Puerto Calero, como si fuera una travesía más, y aquí está. El *Escuela Náutica de Catalunya* ha llegado a Puerto Calero entero.

El que no está tan entero es él. Está cansado, pero sobre todo está preocupado por las heridas de su pie. Apenas tiene una semana y media para empezar la segunda etapa y no sabe si podrá curarse antes de la próxima salida. Sabe que tendrá que cuidarse mucho para conseguirlo, pero lo intentará. También hay un par de cosillas del barco que necesitarán atención. Pero todo se andará.

Su excelente clasificación tras esta primera etapa, el undécimo prototipo, lo ha acabado de animar. Aunque no puede soñar con la victoria, sí puede aspirar a un puesto entre los diez primeros. Es mucho más de lo que podía imaginar cuando, hace apenas once días, zarpó de Concarneau.

Capítulo 11

LA PACIENCIA
A punto de embarrancar

De los setenta participantes, ya sólo quedan cuarenta y cuatro. Otros veintiséis han quedado por el camino. Algunos arrojaron la toalla en pleno temporal y han decidido humildemente que este tipo de pruebas no va con ellos. Antoine Mayerat es uno de ellos. De regreso a tierra, aún herido por la dureza del mar, lo reconoció abiertamente al escribir: «Ya no puedo más. El mar me rechaza y mi barco ya no me quiere retener. Mi sueño no era morir entre las olas, ni romper mi barco contra los vientos. Estoy cansado y asqueado, he perdido la confianza en mí mismo y en mi barco. Tengo frío y dolor de cabeza; regreso a puerto. No debería haber intentado vivir este sueño. Demasiadas señales me dicen que me pare. Mantente en vida para continuar soñando, amando, viendo a tu hijo, cuidando a los demás. He llegado al límite de la realidad soportable y mi sueño de imitar a los grandes marinos volverá al interior de mi cabeza, desde donde soy capaz de saltar las olas, reparar las averías y navegar a todo trapo con mi barco».

Otros ausentes, en cambio, no se dan por vencidos y se proponen volver en una próxima edición, dentro de dos años o cuando puedan. Pero ni los unos ni los otros están hoy aquí. Los elementos han sido demasiado fuertes para ellos.

Los cuarenta afortunados que han logrado llegar a Canarias saben que han superado una prueba durísima y ya sueñan ahora con arribar al Caribe. Pero no las tienen todas consigo. La dureza de la primera etapa ha sorprendido a más de uno. Pierre-Yves

Moreau, tercer clasificado en Puerto Calero, confiesa que, de haber sabido lo que les esperaba en el golfo de Vizcaya, ni siquiera hubiera tomado la salida. No es el único que lo piensa. En el fondo, muchos de los supervivientes temen que la segunda etapa también les tenga guardada alguna sorpresa en forma de mal tiempo. Pero quieren ser positivos y confiar en que ya han cubierto sobradamente su cuota de temporales. Por esto ahora prefieren pensar que lo más duro ya ha pasado, aunque saben que no es verdad lo que se dice de que a partir de aquí todo es cuesta abajo; no es verdad que se llegue a la autopista de los alisios y que los vientos favorables le lleven a uno en volandas sin hacer nada.

La realidad no es tan sencilla. Primero, porque entre Puerto Calero y Basse-Terre, en Guadalupe, hay 2.800 millas en línea recta. Casi 3.000 millas (algún centenar más por la ruta de los alisios) sin ver a nadie, solo en un minúsculo barco de seis metros y medio, mojado... Y habrá chubascos, esos acelerones repentinos del viento que a uno lo pueden volcar, o incluso desarbolar, si no reacciona en cuestión de segundos. Y habrá cansancio, y sueño, y soledad, y dudas, muchas dudas. Eso sí, confían en que no habrá ningún ciclón, como el que estos días está afectando a Antigua, apenas 30 millas al norte de Guadalupe.

Más para ninguno de estos cuarenta y cuatro navegantes solitarios es ahora el momento de plantearse estas cuestiones. La decisión la tomaron hace ya tiempo y tampoco han superado la primera etapa para echarse atrás cuando llega el momento de la verdad, cuando llega la travesía del charco propiamente dicha. Por duro que haya sido, el trayecto desde Concarneau hasta Lanzarote no ha sido más que el aperitivo.

Lo que sí tienen que plantearse ahora es por dónde cruzarán el Atlántico. Tienen tres opciones: el trayecto por la ruta directa es más corto, pero uno puede encontrarse vientos contrarios del oeste o, lo que es peor, calmas inacabables nacidas del anticiclón de las Azores. La segunda posibilidad es la clásica ruta de los alisios: desde Canarias se baja hacia el sur a buscar los vientos que soplan sin interrupción desde el nordeste; es un camino más largo, pero suele ser también el más rápido..., siempre que los alisios no falten a la cita. Por último, hay la ruta intermedia, la que busca los alisios pero sin desviarse tanto del rumbo teórico hacia Guadalupe.

Sea por donde sea, lo primero es salir del puerto. Y esto no es tan fácil.

Ironías de la vida, esos hombres que cruzarán el océano sin ninguna ayuda exterior, no pueden salir del puerto sin que alguien les eche una mano: el viento del nordeste ha dejado paso a un suroeste que les impide maniobrar a vela desde el muelle hasta la bocana.

Se improvisan barcas de remolque. Unas cuantas neumáticas se encargan de llevar a todos los participantes fuera del puerto. Es una operación lenta, muy lenta, que se hace de uno en uno y se alarga porque a todo el mundo se le ha pegado la tranquilidad canaria. Se está tan bien en esta isla, con su sol, su clima, su serenidad, su hospitalidad, los atardeceres en el muelle todos juntos, las noches de juerga, que también las ha habido.

Algunas motos acuáticas se unen en la tarea de remolcar barcos. Es un espectáculo un tanto insólito que se alarga más de lo previsto. Hay que aplazar la salida, porque a la hora establecida aún quedan muchos veleros amarrados en sus pantalanes.

El sol está ya a punto de desaparecer por el horizonte cuando por fin arranca la regata. Este horario no gusta a los participantes, porque la noche se les echará encima sin tiempo de adaptarse de nuevo al movimiento del mar y sobre todo sin tiempo de apartarse de tierra, el gran enemigo de los navegantes oceánicos.

Pero ésta es la forma con que la organización ha querido agradecer la colaboración de sus amigos de Lanzarote. Con este horario, todos ellos han podido asistir al espectáculo de la salida al terminar su trabajo y han podido decir adiós a estos navegantes que han alegrado el ambiente de Puerto Calero durante un par de semanas.

La previsión meteorológica, que tan exacta se había revelado en Concarneau, no parece muy acertada. Los vientos del noroeste al nordeste pronosticados no se ven por ninguna parte. Y lo que se encuentran los navegantes frente a Puerto Calero es una débil brisa del suroeste, exactamente del morro. Será cuestión de echar bordos.

No todos están de acuerdo. Tras cruzar la línea de salida, seis barcos ponen rumbo al sureste. ¡Se alejan de Guadalupe! No son novatos, ni están chalados. Entre ellos, por ejemplo, figura uno de los grandes favoritos, Lionel Lemonchois, que ya lleva tres Mini-

Transats a sus espaldas. Lo único que son es radicales. Van en busca de los alisios desde el primer momento. Y si para ello tienen que dar un rodeo más largo por el este de Fuerteventura, lo dan. Y en eso están.

Los demás, los otros treinte y ocho barcos, sí se ponen a echar bordos. Algunos, la mayoría, intentan sobre todo ganar sur; otros, prefieren primar el rumbo oeste. Son los que quieren llegar a Guadalupe por el camino más corto. Confían en la pronta aparición de una depresión que les envíe vientos del norte. Si lo consiguen, podrían dar la campanada. Si no lo consiguen, tardarán más en llegar a la meta. Ése es el juego.

Albert va en busca de los alisios. No ha visto claras las otras opciones y se ha decantado por el camino que en teoría tiene más probabilidades de viento, lejos de todo extremismo. Es la ruta que le ofrece más posibilidades de escalar posiciones en la clasificación sin correr excesivos riesgos de que lo pasen sus inmediatos seguidores. Se propone pasar entre Fuerteventura y Gran Canaria y dirigirse al punto 25° Norte - 21° Oeste. Allí debería estar galopando a favor de los alisios. Cuanto antes llegue, mejor.

Está más animado que hace tres semanas en Concarneau. Sus heridas de los pies y de las manos ya están casi curadas. Le ha molestado el retraso de dos días en la salida decidido por la organización –una decisión, le consta, adoptada en contra del criterio personal del propio director, Loïc Ponceau, que ha tenido que plegarse a las presiones de buena parte de los participantes que pedían más tiempo para recuperarse de la paliza de la primera etapa o simplemente para llegar a Lanzarote–, pero se lo ha tomado con filosofía. Esta vez sale descansado, sin los agobios de última hora de Concarneau, confiado en su experiencia y confiado en su *Escuela Náutica de Catalunya.* A estas alturas cree que ha navegado ya con él en situaciones lo bastante variadas como para confiar definitivamente en este barco. No sólo es fuerte y está bien construido, sino que es rápido y mantiene el rumbo con relativa facilidad, lo que es un respiro para el piloto automático.

Pronto se hace de noche y sólo se ven las luces de posición de los regatistas que van ciñendo contra el viento. Cada vez hay menos luces, porque cada uno labra su propio camino en el mar y porque Albert se va quedando rezagado. Se da cuenta de que el *Escuela*

Náutica de Catalunya ciñe como el que más, quizás incluso más que nadie, pero pierde muchísima velocidad. Su foque no es tan grande como el de los demás y eso se paga con menos velocidad en estas condiciones de viento tan suave y mar tan llana. Acaba de descubrir el primer defecto de su barco. Y le da rabia, porque es un defecto que hubiera podido subsanar fácilmente de haber podido entrenar antes y en compañía de otros barcos.

Albert quiere ganar tantas millas al sur como pueda. Por ello se pega a la costa de Fuerteventura. El faro del cabo Tostón lo dirige durante un buen rato. Ciñendo a rabiar, ve sus dos destellos blancos cada ocho segundos a sotavento del foque. Avanza lentamente, a tres o cuatro nudos, pero el mar está en calma –apenas hay unas largas olas de mar de fondo que no molestan en absoluto– y ningún ruido altera su andar. Se siente a gusto de volver a estar a solas en el mar.

Llega una ola mucho más grande que las otras que lo levanta por la popa. El *Escuela Náutica de Catalunya* la sube primero y después la baja sin inmutarse. La sigue una segunda ola exactamente igual. Y una tercera. Albert sabe que estas olas tan grandes no son normales y mira a sotavento. Mira fijamente y en la oscuridad ve que cuatro olas más allá hay una con la cresta completamente blanca. ¡Es la rompiente de la playa, que sobresale mucho! Entonces huele el olor de las olas al morir en la costa y oye el ruido de las olas al romper en la playa. No lo duda ni un instante. Vira inmediatamente y procura alejarse del peligro. Por suerte, hay un poco de vientecillo y, aunque sea con este foque que ahora se le antoja tan minúsculo, puede ir subiendo lentamente las olas. Un minuto más y su barco acaba en la playa. Sin rocas contra las que chocar, pero en la playa.

El incidente le hace cambiar de planes. Ya no tiene ningún interés en pegarse a esta costa de Fuerteventura. Lo suyo, no sabe cómo ha podido olvidarlo, no es pegarse a tierra, sino buscar los grandes espacios, el océano abierto. Eso es lo que tiene que hacer. Durante unas horas apunta al oeste, antes de volver a virar y dirigirse nuevamente al sur.

Pero antes tiene que superar Fuerteventura. Y esta isla se le hace larga, larguísima.

Lunes 1 de diciembre de 1997. A bordo del *Budapest.*
38º 27' Norte - 14º 54' Oeste

Tranquilo, Albert, tranquilo. Tranquilo y paciencia. Lo importante es saber hacia dónde avanzas y hacerlo sin parar. La velocidad es lo de menos. Tranquilo y paciencia. Quizá dura veinticuatro horas. Tranquilo y paciencia. Procura leer y distráete. Ya volverá a venir el viento. ¿Y si regresa y viene de proa? Pues tranquilo y paciencia. Ya haremos bordos... ¡pero vaya putada hasta el último día!

Pongo música (Elton John) y pienso en la suerte que tengo en mi vida. La suerte de compartir con Ernes todo lo grande de una pequeña familia. La suerte de tener un amigo como Toni con quien, sin compartir grandes confidencias, nos une una corriente de absoluta fidelidad. De tener un padre excepcional como el que tengo y una madre entrañable como la que tengo. Qué más quiero sino darme cuenta y disfrutar de que todo esto cristaliza en dos pequeñas maravillas como Eduard y Víctor.

Soy feliz.

Qué gran virtud es ésta de la paciencia. Parece que hasta el último día me estén poniendo a prueba para descubrir hasta dónde llega mi dosis de paciencia antes de alterarme. La paciencia, esta sagrada actitud de saber recibir lo de hoy sin tener prisa por lo de mañana. De saber insistir en la justa medida para alcanzar un futuro que, cuando sea presente, esté cerca de aquello que uno ha deseado.

El tiempo es paciente y es a su ritmo que hemos de poner el reloj de nuestras ambiciones. Tic-tac. Tic-tac. Inexorable. Imperturbable. Así hemos de mirar al futuro. Con paciencia y sabiendo esperar. Los objetivos, en la vía bien encarrilados, y el tiempo, para irlos empujando. Además, tener prisa... ¿para ir dónde? Ah... qué gran escuela la que estoy viviendo. Saltaría fuera del barco, pondría monedas en la máquina del viento, arrancaría mil motores, maldeciría a mil personas, mil lugares, mil símbolos. Pero no hago nada de todo esto. Al contrario. Cojo un libro, leo, escribo. Miro el cielo, el mar, el horizonte. Y pienso. Pienso que estoy aquí y estoy yendo hacia allí. ¿Llego el cuarto? Bien. ¿Llego el quinto? Bien. ¿Llego? Perfecto. Paciencia y no alterarme. El viento manda. Yo he hecho mucho poniendo el barco en las vías. Ahora... esperar. Todo llega. Incluso el fin... Y lo que no quiero es el fin de mis seres queridos.

Oscurece. Hoy hace frío. ¿Cómo será la noche? Las noches me cansan... Pero las noches también tienen su fin...

Capítulo 12

LA SOLEDAD
Encalmado

Lleva ya veinticuatro horas de regata y sigue al lado de Fuerteventura. Apenas hay viento y el *Escuela Náutica de Catalunya* adelanta muy despacio. Tiene la sensación de que no se mueve. A lo lejos, delante, ve tres velas en el horizonte. Supone que son tres barcos de la regata y piensa que seguramente a estas alturas debe ir el último.

Es desesperante. Esto no es lo que estaba previsto. Habían anunciado vientos del norte que le permitirían bajar rapidísimo al encuentro de sus queridos alisios. Pero estos vientos del norte no los ve por ninguna parte. Piensa si no será mejor pasar por el norte del archipiélago, en contra de lo que tenía decidido. Quizás estas islas tan montañosas están frenando el viento, y por barlovento de ellas sí se puede navegar rápido. Pero recuerda que no es bueno cambiar de planes a la primera de cambio y decide mantenerse firme en su ruta.

Su moral está cada vez más baja. Piensa que de nuevo vuelve a fallar en la salida, como en Concarneau, y que debe de ir último destacado porque a su alrededor no se ve ya absolutamente a nadie, cuando sólo lleva veinticuatro horas de regata.

Echa en falta un libro para entretenerse un poco, porque el barco va solo y le quedan muchas horas muertas. Hay poco viento y las olas son muy largas, larguííísimas, muy suaves. El mar se mueve todo entero de manera uniforme. Eso sí, las olas vienen del noroeste. O sea que probablemente allí, a lo lejos, hay este viento del norte que llevará a sus rivales en volandas hacia el sur, en busca de los alisios. Y él está aquí casi clavado sobre el agua, con una corredera que se mueve lentamente entre los tres nudos y los tres nudos y medio.

Estas olas son suaves y no molestan en absoluto. No son como las de su Mediterráneo natal, más cortas, más insidiosas, que requieren una atención individualizada. Éstas son olas propias de un océano, aunque él esté rodeado de islas.

Al menos no sufre por las baterías. Hace sol, mucho sol. Los paneles solares trabajan a destajo y alimentan su reserva de energía, que rebosa por todas partes y alimenta a un piloto automático que también trabaja sin rechistar.

Pone la radio para intentar distraerse. Pero la apaga pronto. Le cansa, no le interesa nada de lo que escucha. El mundo que refleja la radio ya no es el suyo. El suyo es un mundo rodeado de mar y sol; un mundo que sólo anhela viento para volar libre por el océano. De todas formas tiene al menos el consuelo de que no llueve. La lluvia todo lo entristece.

28 de febrero de 1997. Port-la-Forêt

¿¡Qué diablos hago aquí!?

Hace ya una semana que he llegado a Port-la-Forêt y aún no he podido abrir la maleta. No he venido hasta aquí para pasar unos días. No. En principio tengo que pasar en esta población de la Bretaña francesa casi ocho meses. Y ya tengo ganas de estar instalado. Desde mi llegada he ido saltando de un sitio a otro, de un apartamento a otro, de una cama a otra, a la espera de encontrar mi definitivo alojamiento. Finalmente, a tan sólo cinco minutos andando del astillero, frente a la playa de Kerleven, Alain ha encontrado una casita. Me la ha enseñado y me ha dado las llaves. No es un chalet de lujo, pero todo cuanto yo quiero es tener por fin *mi* casa. Necesito saber que ésta va a ser *mi* habitación durante los próximos meses. Necesito saber que ésta será *mi* cama en los próximos meses. Necesito saber que aquél será *mi* armario durante los próximos meses. Para mi salud mental necesito, en definitiva, centrarme y establecer a mi alrededor unas referencias personales e íntimas para hacer lo más llevadero posible mi prolongado alejamiento de la adorable familia que he dejado en Barcelona.

Tras mi larga jornada de trabajo, salgo del astillero, monto en el coche que Pierre, el hermano de Alain, me ha prestado, y me voy a Concarneau, a quince kilómetros. Llovizna y la previsión no es muy buena. Aún no he visto el azul del cielo desde que he llegado.

Llevo ya tres días viviendo en el apartamento que un amigo de Alain ha dejado libre. Voy al supermercado, cargo el maletero con comida dispuesto a llenar por fin una nevera que va a ser mi nevera de los próximos meses, paso por el apartamento a recoger todos mis enseres y emprendo viaje de regreso a Kerleven presto a tomar posesión de mi nuevo hogar. El tiempo está empeorando y la noche es muy oscura. Empieza a soplar viento y el frío de ese mes de febrero bretón se hace sentir con más intensidad. ¡Qué mierda de tiempo! Sabía que la Bretaña tenía un clima lluvioso, pero albergaba la esperanza de que al menos algunos días podría ver ese sol que tanto veneramos quienes venimos del Mediterráneo.

Cada vez que salgo del coche mojo un poco más mi ropa. Cada vez me siento más empapado y más frío. Cada vez siento mi ánimo un poco más arrugado y mi soledad un poco más hinchada.

¡Por fin! Todo está cargado en el coche y ya puedo irme. Apenas he circulado veinte metros y el coche se detiene. No arranca. Se niega. No. ¡No puede ser! ¿Por qué?... Localizo a Pierre y le explico lo ocurrido. No se extraña y me dice que desde hace unos días algo no va bien en el coche. Solo, bajo la lluvia y a empujones, consigo aparcar el coche. Voy hasta su casa, donde llego en un estado francamente triste y deplorable. Me presta otro coche que tiene y me dice que mañana por la mañana ya pasará a recogerlo por el astillero CDK, donde trabajo en la construcción del trimarán de su hermano. Aparco al lado del coche averiado y traslado todos los bártulos a mi nuevo utilitario.

Cuando llego a mi casita, el viento arrecia. Huelo el mar a pocos metros y oigo las olas romper escandalosamente en la cercana playa. ¡Qué bucólico! ¡Una casita cerca de la playa! Bajo la luz del farol que ilumina la desierta callejuela, veo la cortina de agua que va cayendo sobre mí. Ni calabobos, ni sirimiri. Esto es lluvia de verdad.

Es ya muy tarde y aquí estoy. De pie en la cocina, sobre un gran charco de agua, siento el frío de una casa deshabitada. Rodeado de decenas de bolsas y paquetes, siento que algo más que la lluvia se me cae encima.

Si un chasquido de mis dedos pudiese trasladarme a mi pisito de Barcelona, no lo dudaría. Qué mal me encuentro. Qué triste me siento. Qué solo estoy. Qué solo me siento. Qué desgraciado soy. Qué inútil me veo.

¿Qué hago yo aquí, lejos de mi casa, lejos de los míos? ¿Qué me empuja a aceptar estos retos?

Qué solo me encuentro...

Qué duro debe de ser verse en la necesidad de dejar la tierra en la que uno ha nacido, alejarse de la familia y partir lejos a la búsqueda de un trabajo digno. O tan sólo a la búsqueda de un trabajo. Yo puedo elegir regresar. Muchos no tienen elección.

Pero todos estos pensamientos no me sirven de gran consuelo. Quizá lo justo para, sacando fuerzas de flaqueza, poner en orden las bolsas de comida, secarme con una toalla, hacer la cama, acurrucarme dentro de ella y esperar la llegada del nuevo día.

A pesar de todo, esa noche me sigo sintiendo muy solo y desgraciado.

Capítulo 13

LOS ESTÍMULOS
Delfines

Por la tarde Albert recibe la visita de un delfín. No es un delfín como los demás. Éste es un delfín tímido. Se mantiene un rato a cierta distancia, como si no se atreviera a acercarse a saludarlo como suelen hacer sus congéneres. Tiene un nadar lento, se mueve como si no se quisiera hacer notar. Va solo, cosa rara en un delfín. Quedará para siempre como el *Delfín Tímido*.

El sol hace rato que ha iniciado su descenso. Esta noche no lo verá acostarse, porque se esconderá detrás de Gran Canaria. Ve toda la silueta de la isla, un poco más lejos aparece el Teide, a su espalda contempla Fuerteventura, y hacia el norte, Lanzarote, con una claridad preciosa. Es una puesta de sol muy bonita, que le recuerda un poco la travesía con el *Trifón*, un 50 pies, cuando hizo el Grand Prix del Atlántico, en el 96, hasta Tenerife.

Al anochecer está a 2.705 millas de la llegada. Desde mediodía sólo ha recortado la distancia en 12 millas. Una miseria.

Al día siguiente, el viento sigue escaseando, pero Albert ya avanza a 5 nudos. Está convencido de que va arrastrado, de que no ha adelantado nada. Apenas lleva un día y medio de travesía y ya está haciendo cálculos de cuándo llegará. Es absurdo, porque una travesía depende del viento que uno encuentre, de dónde venga... Pero un navegante se pasa el día haciendo cálculos. Si entra un poco más de viento, iré a medio nudo más, y así llegaría...

No, es imposible llegar a Guadalupe antes del 11, cuando hace menos de dos días tenía el firme propósito de llegar el 10. Lleva ya dos días desde la salida y aún ve Fuerteventura aquí al

Albert, a la rueda del *Fortuna Ligths,* en la Whitbread de 1985-86, la regata de la vuelta al mundo con tripulación. Fue su primera gran travesía y su descubrimiento de los grandes océanos australes.

Albert, a bordo del *Bagages Superior*, el 60 pies open con el que Alain Gautier ganó la Vendée Globe de 1992-93. El patrón francés pidió a Albert que le llevara el barco desde Guadalupe a Lorient (Francia). Catherine Chabaud hizo la travesía de tripulante. Posteriormente, esta navegante francesa se convirtió en la primera mujer que dio la vuelta al mundo en solitario sin escalas, durante la Vendée Globe de 1996-97.
(Foto Catherine Chabaud)

El *Zeleste,* en aguas de Barcelona, antes de la Mini-Transat de 1987.

El *Zeleste*, con *spinnaker.*

El *Bagages Superior* fue el primer 60 pies con el que Albert cruzó el Atlántico como patrón. La travesía duró quince días, a caballo entre 1994 y 1995. *(Foto Catherine Chabaud)*

Albert ha atravesado dos veces el Atlántico a bordo del *Budapest*. Primero, con Nandor Fa, n la Transat Jacques Vabre-Ruta del Café; tras acabar la regata en Cartagena de Indias (Colombia), regresó solo con el barco hasta Puerto Sherry (España), en 1997.

El navegante convertido en constructor. Albert, en el astillero-escuela del Consorci El Far, durante la construcción del *Escuela Náutica de Catalunya*.

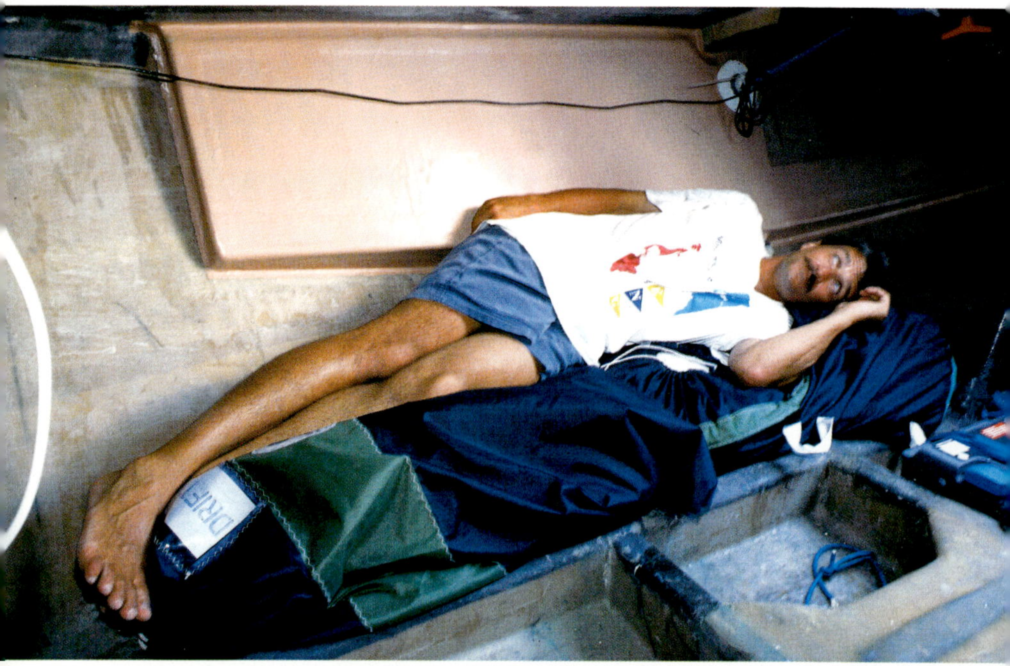

La cabina del *Escuela Náutica de Catalunya* era muy reducida y extraordinariamente austera. Albert tenía que dormir encima de los sacos de velas. Al fondo, uno de los dos tanques que se llenan de agua del mar como lastre móvil.
(Foto Santi Serrat - Cristina Barredo - Latitud 42)

Primeros bordos a bordo del *Escuela Náutica de Catalunya*, en Barcelona. El barco demostró ser un buen ceñidor y se disparaba al planeo en cuanto se abría un poco al viento y se izaba el asimétrico. *(Foto Santi Serrat - Cristina Barredo - Latitud 42)*

ESCUELA NÁUTICA CATALUNYA

252

ESCUELA
252

252
252

Pruebas de estabilidad del *Escuela Náutica de Catalunya* en el Port Olímpic de Barcelona. Los barcos de la clase mini deben adrizarse cuando se les colocan 45 kilos en la marca del puño de driza de la mayor, con la perilla del palo a la altura del agua, con las escotillas abiertas. *(Foto Albert Bargués)*

El *Escuela Náutica de Catalunya* es un diseño de Finot-Conq, de fondos planos y popa muy ancha. Lleva dos timones inclinados para mantener el control del barco cuando éste escora. *(Foto Santi Serrat - Cristina Barredo - Latitud 42)*

oco después de la salida, Albert embarrancó y posteriormente agujereó el casco al chocar con el pantalán cuando entraba en puerto para inspeccionar la quilla. La avería le supuso empezar la regata al día siguiente, con más de dieciocho horas de retraso respecto de sus rivales. Pese a ello, terminó la etapa en undécima posición.

El *Escuela Náutica de Catalunya,* poco antes de la salida de la Mini-Transat 99.

Escuela Naútica de Catalunya navega a orejas de burro, cerca de Guadalupe. Albert debe itar un exceso de velocidad para no cargar el timón averiado y por esto a menudo tiene que arriar el *spinnaker* durante la parte final de la travesía.
(Foto Albert Bargués)

Albert, con Ernes, Eduard y Víctor, en Concarneau antes de la Mini-Transat 99.

El solitario, concentrado poco antes de hacerse a la mar. A partir de ahora, nadie le podrá echar una mano. Tendrá que superar solo las dificultades que se le presenten. Y también los miedos.

lado. Esto parece la travesía de nunca acabar. Y sólo ha empezado.

Al mediodía, cuando lleva cuarenta y dos horas de regata, sólo ha adelantado 81 millas. Y 81 millas son muy pocas millas, incluso para un pequeño barco de seis metros y medio. Ochenta y una millas las tendría que hacer como mucho en doce horas. Pero él sigue aquí y no ve cuándo acabará esta tortura.

Una tortura relativa. Porque al menos no hace frío, el barco se mantiene seco –y ya es mucho en estos cascarones– y el piloto hace bien su trabajo.

Se pregunta dónde están los demás, pero aún no se le ha ocurrido poner la radio para saber sus posiciones, para saber al menos las distancias a la llegada. A Albert le queda mucho tiempo libre. Tiempo para pensar. Contemplar. Recordar. No tiene ni música ni lectura. Sólo le queda escribir, disfrutar del momento y soñar con la llegada.

Hoy me rodea un mar maravilloso. Suave, agradable, cariñoso. Estoy a solas con él. Me rodea en el silencio de las palabras. El agua hace ruido. El viento hace ruido. El velero hace ruido. En mí el silencio de las palabras, el ruido de los pensamientos, el rumor de los sentimientos.

¿Dónde estoy? No me siento solo. No pienso en la soledad. Incluso ella me acompaña. Una presencia, un recuerdo, un contacto, un gesto... Sé que se me hará muy largo, mucho... Su presencia en la llegada me estimula, me espolea, pero aún hace más dura la espera hasta el reencuentro.

Esta última noche se ha quedado sin luz de navegación. Con tan poco viento y esta mar de fondo, la mayor va dando golpes continuamente. Todo cimbrea y la luz de tope de palo se ha fundido. Allí arriba es donde lleva la bombilla que se transforma en tres colores –rojo, verde y blanco– para que de noche los otros barcos la vean y sepan qué rumbo hace.

Para arreglar la avería tendría que subirse a la perilla del mástil, pero ni siquiera se lo plantea. No está dispuesto a subirse los doce metros de palo para cambiar una bombilla. Para otras cosas quizá sí; pero para cambiar una bombilla, no.

Hace un poco de fresco y esta mañana ha recibido la visita de una quincena de delfines, un grupo numeroso. Normalmente no son tantos. Se han ido acercando y se han puesto a jugar en proa del barco, unos encima de otros. Alguno incluso ha golpeado el casco, cosa realmente excepcional. A él nunca le había pasado, y eso que se ha encontrado delfines muchas veces. Pero éstos parecen especialmente alegres, incluso excitados. Están en la proa, pasando uno encima de otro, tocándose. Y como hace tantas veces, bautiza a uno de ellos con el nombre de *Aleta Desmochada:* le falta un trozo de la aleta como si se la hubieran mordido. Han estado jugando con el barco más de una hora, y después han seguido su ruta, como suelen hacer los delfines.

Sabe que con este viento no le queda otro remedio que seguir ciñendo. Sabe que le falta vela, pero ahora no lo puede remediar. Está deseando que el viento se vaya por fin al noroeste, al norte y al nordeste, pero no hay forma. Será mejor que se conforme, porque él no lo puede cambiar y al menos ya no ciñe a rabiar. Ahora tiene un viento flojo del oeste-noroeste. Es menos malo que el de hace unas horas.

¿Dónde están los demás? ¿Me interesa? ¿Me preocupa? Quizás he de hacer como en la primera etapa: llevar el barco hasta Guadalupe y allí ya veremos. El viento parece que quiera calmar. ¿Tendré otra noche de calmas? Ya sería la tercera. Ella me espera. Yo... desespero. Espero no ser el último. Deseo hacerlo bien. Pero no sé si sé hacerlo bien.

De aquí a dos dedos el sol se esconderá. Al otro lado ya veo la luna... y ¡qué luna que me espera esta noche! Nubes, no vengáis. Dejad que la luna luzca mientras el sol descansa. Qué largas son las noches. Gracias, luna, tú me las haces más soportables. Brilla, luna, brilla. Enséñame el camino con tus largos brazos de plata sobre el mar.

Bien. Basta de poesía. El sol ya se va. Es hora de abrigarse. Calzoncillos largos por calzoncillos cortos. Camiseta de manga larga por camiseta de manga corta. Pantalones peto polares. Chaqueta polar. Calcetines gruesos. Botas. Quizá más tarde, de madrugada, o si la noche es húmeda, tendré que ponerme el traje de aguas.

Cuando el Rey Sol se va, el viento siempre se altera un poco. ¿Qué hará esta noche?

Capítulo 14

MIRAR EL CIELO
Por fin llegan los alisios

Este domingo 24, el viento ha subido y Albert navega a 6-7 nudos. Ya no está tan mal, pero tiene la sensación de que no va suficientemente rápido. Sigue ciñendo y todo se mueve bastante. No es el golfo de Vizcaya, no hace frío, pero la cubierta va mojada y la vida a bordo ya no es placentera y tranquila como los primeros días.

Al ver cómo el barco acelera un poco, vuelve a hacer previsiones. Hace cálculos. Sigue haciendo cálculos. Los números no le salen. O le salen rematadamente mal. No cree posible llegar antes del 14. Y esto le parece un verdadero desastre. Pero es lo que le dicen sus cálculos.

Por la mañana ve delante, muy lejos, una vela blanca. Se pregunta si será alguien de la regata, pero la verdad es que en este momento no le interesa mucho.

Está poco motivado, no se siente a gusto a bordo, se nota desentonado. No es una cuestión física, sino una cuestión mental. Esperar durante tres días un viento portante, que sigue sin aparecer por ningún lado, lo ha dejado algo apático.

Pone la radio y le parece oír que va el décimo noveno de prototipos. El primero le lleva nada menos que 100 millas. ¡100 millas en sólo tres días! Es mucho, pero tampoco le extraña. Va tan despacio... Pese al aumento de velocidad, en las últimas veinticuatro horas, de mediodía a mediodía, sólo ha hecho 85 millas hacia la llegada. Una miseria. Otra miseria a añadir a la de ayer.

Lo que afortunadamente no sabe es que tanto el grupo de la

ruta directa por el norte como quienes dieron el gran rodeo para llegar antes a los alisios, tienen buen viento, un viento que les permite adelantar a medias superiores a los 6 nudos. Los que están entre los dos grupos son quienes tienen menos viento. Y Albert es de los más lentos.

Al menos, esta noche tiene luna llena.

10 de noviembre de 1997. A bordo del *Budapest.*
13º 52′ Norte - 72º 41′ Oeste

El sol se ha escondido detrás de una nube y ya empieza a prepararse para decirme adiós. No sé si lo echaré mucho en falta porque hoy he tenido ración extra. ¡Dentro del barco tenía 49 ºC! Y en cubierta era imposible estar sentado o descalzo. Sin moverme, las gotas de sudor iban cayendo de mi frente. La camiseta, cuando me he dado cuenta, estaba completamente empapada y no puede decirse que hoy haya trabajado. En diez horas he hecho veinte millas. Confío en que no tardará en establecerse un viento. Lo que me temo es que será precisamente del nordeste que es hacia donde yo quiero ir. De momento, y por lo que voy viendo, esta noche me parece que tendré lluvia, chubascos y tiempo variable. A mi alrededor se van formando grandes masas nubosas a causa del cambio de temperatura del atardecer. Veo cómo llueve bajo las nubes y me imagino que no tardaré en tener alguna sobre mi cabeza.

A pesar de la mala jornada de hoy, he de reconocer que el mar está precioso. Plano, con una suave y armónica ondulación, a ratos arrugado por una ligera corriente de aire, a ratos liso como un espejo. Como si tuviera otra densidad.

Debajo de una de las nubes que ha ido creciendo hacia arriba, hacia el cielo, hay una cortina de agua con los colores del arco iris. Mañana es San Martín.[1] Mañana es el santo de Ernes. ¡Felicidades!

Espero y confío en que antes de que lleguen hasta mí o que yo llegue hasta ellas, las nubes hayan perdido buena parte de su energía.

1. En catalán al arco iris se le llama *Arc de Sant Martí. (N. del A.)*

Sin duda el navegar a vela es la gran escuela de la paciencia. Aprendes a no tener prisa, aprendes a aceptar las cosas como son. Es curioso, dejas de mirar las nubes por un instante y cuando alzas de nuevo la vista descubres cómo han cambiado y cómo, en este caso, han descargado su energía y se han ido deshinchando. No, éstas quizá no me tocarán, pero hay tantas que ya veremos qué pasa.

Allí, en lo alto, veo la luna. Está creciendo y durante unas cuantas noches me hará compañía. Qué distintas son las noches con luna de las noches sin luna. Ella da luz a la oscuridad. Cuando lo pienso fríamente, no es la noche la que me impone temor, sino la negrura de las nubes en medio de la noche. Son una amenaza que no puedo controlar. Ni tan sólo observar cuando la noche es oscura.

Por fin ha entrado viento del noroeste y del norte. Serán unos 12 nudos, no más. Pero el *Escuela Náutica de Catalunya* los agradece seguramente tanto como Albert. Se ha puesto a hacer medias de hasta 8 nudos durante largos ratos. En las últimas doce horas ha adelantado 64 millas. Vuelve la máquina de calcular. En veinticuatro horas serían 128, lo que no está tan mal. En las últimas cinco horas ha hecho 28. Que en veinticuatro horas serían... 134. Y si sigue subiendo un poco más el viento...

Paciencia, paciencia. Hay que tener paciencia. Ya se irá acercando Guadalupe. Aunque parezca imposible, llegarán los alisios, siempre que este año no falten a la cita. Con ellos podrá galopar sobre las olas, con el *spinnaker* izado.

El *spinnaker* aún no lo ha podido sacar de su saco. El *Escuela Náutica de Catalunya* hace las primeras planeadas sostenidas de esta travesía, sólo con el foque y la mayor, porque el viento aún está a proa del través. Es un buen descuartelar, cómodo, abierto. Ya no ciñe y el barco lo agradece. Aunque los remojones siguen salpicando la cubierta.

Albert se prepara la comida. Hoy, como tantos otros días, almorzará una buena ensalada. Se abre una lata de sardinas, dos de atún, otra lata de ensalada ya preparada, una de maíz y una de aceitunas. Lo mezcla todo con mahonesa, y ya está. Éste es su almuerzo, que remata con un sobre de embutidos. En cada sobre, mezclados a partes más o menos iguales, hay jamón serrano, del bueno, fuet y lomo embuchado.

Pero el almuerzo tendrá que esperar. El barco ha virado de golpe. Un salto y Albert ya está en cubierta. El piloto automático no trabaja y tampoco lo hace el indicador de la corredera. No hay electricidad. Un vistazo al interior le permite descubrir qué pasa: el interruptor del panel eléctrico está apagado. Seguramente lo ha apagado él sin darse cuenta, con su trasero, al levantarse mientras se preparaba el almuerzo. El barco es tan pequeño –del suelo de la cabina al techo apenas hay un metro– que cuando se pone en pie toca la cubierta con el trasero. Conecta de nuevo la electricidad, pone el barco a rumbo, activa el piloto automático, espera un rato en cubierta y comprueba que todo está en orden. Bien. Ya puede comer.

Esta madrugada del 25, tal como estaba previsto –lo escuchó ayer en un parte meteorológico– ha entrado el norte. Es el viento que esperaba desde la salida, hace casi cuatro días. Ha llegado después de un par de chubascos, que no han sido malos, pero que lo han avisado de que algo cambiaría. Es curioso cómo en las zonas tropicales, en las zonas de los alisios, los cambios de viento siempre se avisan. Entre un viento y otro siempre hay como una especie de línea de chubascos o de nubes que indican que esto cambiará.

Hace ya unas horas que el panorama ha cambiado. El barco avanza, pero parece pesado, le cuesta arrancar. No hay forma de encontrarle el punto de equilibrio y el piloto se resiste a controlar el rumbo. Albert tiene que coger la caña a menudo y esto no le gusta. El *Escuela Náutica de Catalunya* navega a 7-8 nudos, lo que no está mal, pero pocas veces planea a 10 nudos. Y con este viento ya debería hacerlo.

Al menos avanza a 7 nudos y lo hace a rumbo. Aprovecha la ocasión de que el horizonte parece más cercano para fijarse sus objetivos inmediatos. Sus objetivos para esta travesía. Los concreta en cuatro metas, a las que deberá subordinar su actuación. Es bueno fijarse objetivos; lo hace a menudo para no perder de vista qué es lo que le interesa y no dejarse arrastrar por ideas repentinas o por decisiones sin sentido.

Su primer objetivo está claro: llegar; lo importante es llegar.

Segundo: llegar el día 10, como se había propuesto antes de zarpar; no será fácil, pero sería bueno conseguirlo; y lo va a intentar. Tercero: no perder posiciones respecto de los que llegaron detrás de él en la primera etapa; fue el undécimo y sería cuestión de no perder puestos, lo que no está nada claro con este inicio de etapa que lleva. Cuarto: ganar posiciones pasando a alguno de los rivales que acabaron antes que él en Puerto Calero.

Cada uno de estos objetivos es prioritario respecto de los siguientes. Por ello, a la hora de tomar decisiones, deberá priorizar y tener muy claro qué es lo que prevalece.

Albert no lo sabe, pero hay alguien que no podrá cumplir ni siquiera el primero de los objetivos que él se ha marcado. Sébastien Josse ha tenido que abandonar su *Créaline* en medio del océano. Un ruido muy fuerte en la base de la quilla lo alertó. Advirtió al *Marion,* que estaba al alcance de su radio y que inmediatamente se dirigió hacia él. Esta madrugada Sébastien ha abandonado su barco. Seguir a bordo era arriesgarse a hundirse con su *Créaline* en el océano. La regata ha terminado para él. Había sido cuarto en la primera etapa, ahora iba entre los primeros y aspiraba a un lugar en el podio.

Mientras, el *Escuela Náutica de Catalunya* ha emprendido definitivamente el vuelo. En veinticuatro horas se ha comido 183 millas. No está nada, pero que nada mal. 183 millas menos en el camino hacia Guadalupe es una buena singladura. Sobre todo comparada con las que llevaba hasta ahora. Es, con diferencia, el día que más ha avanzado en lo que lleva de regata.

El viento se va abriendo paulatinamente y pronto le tocará izar el *spinnaker.* Para Albert es un poco la hora de la verdad. No sabe por qué, pero no le gusta izar el *spinnaker.* No se siente cómodo con esa gran vela allí arriba, con dos puños sueltos, difíciles de controlar cuando las cosas se ponen feas.

Nota que se siente incómodo pensando en lo que puede pasar si sube el viento con todo ese trapo izado. Nota que no tiene confianza, que no domina el barco, que no controla la maniobra del *spinnaker*. Por esto le cuesta izar esta vela y cuando la iza no va tranquilo.

Esta mañana, casi choca con una tortuguita. Al verla flotando en la estela del barco, le ha parecido que lo saludaba con la aleta diciéndole adiós y deseándole buen viaje. Allí se ha quedado. Parecía simpática. Albert se pregunta de dónde viene, adónde va y cuánto tiempo debe durar el viaje de una de estas tortugas. Porque muy rápido no parece que nade.

Esta tortuga es uno de los pocos animales que ha visto en el agua desde que zarpó. Un rato antes ha encontrado un pájaro volando sobre el barco. Era una especie de gaviota pequeña, que se ha pasado un buen rato alrededor, como si lo estuviera inspeccionando detenidamente.

Como a muchos otros navegantes, a Albert le gustaría conocer los nombres de los pájaros, sus especies y todo lo relacionado con ellos, para ser capaz de identificarlos. Pero, como les sucede también a otros muchos solitarios, nunca se ha entretenido en ello. Cuando llega a tierra tiene otras cosas que hacer. Nunca se acuerda de meter uno de estos libros a bordo para mirárselo con calma durante alguna travesía.

Al menos ve muchos peces voladores. A uno de ellos lo bautiza como pez saltador, porque en lugar de salir en horizontal como los otros, ha saltado del agua completamente en vertical y al cabo de un momento ha emprendido el vuelo rasante, como sus congéneres.

Es impresionante ver cómo los peces voladores planean a ras del agua y de repente se pegan una torta contra las olas para volver al mar. Y nunca se cansa de mirarlos, aunque pocas veces adivina dónde caerán exactamente.

Algunos sobrevuelan el *Escuela Náutica de Catalunya*. Como es un barco muy bajo, pasan por encima como una exhalación. Una noche, sin embargo, es literalmente atacado por dos de ellos. Uno lo golpea en la espalda y el otro le afeita el bigote. Un poco más y le deja la cara marcada. Gajes del oficio.

Empieza a tener el trasero lleno de granos y no quiere que vayan a más. Recuerda lo mal que lo pasó en la segunda etapa de la Mini-Transat del 87 y no desea por nada del mundo que le vuelva a suceder. Por esto se pasa buena parte del día desnudo, sobre todo de cintura para abajo, para que el aire y el sol le sequen las nalgas.

No es fácil, porque este barco es realmente muy húmedo. Tanto, que le cuesta dormir. En cubierta no lo puede hacer, ni siquiera en la bañera, por los constantes rociones de agua que recibe. Y dentro de la cabina hace mucho calor. Hoy la temperatura en el interior es de 35 grados. Demasiado para descansar a gusto. Además, no le gusta dormir dentro, prefiere hacerlo fuera, en un rincón de la bañera, donde le es más fácil despertarse si sucede algo. Lo peor es que cada vez duerme menos. Esto, en una regata tan larga como ésta, puede acabar pagándolo caro.

Pero no todo son malas sensaciones. Empieza a ver posible llegar el décimo. No será nada fácil, porque esto supone una media de 150 millas de aproximación a la llegada durante quince días. Es muy difícil mantener esas medias durante dos semanas sin fallar ni un solo día. En buena parte, depende del viento. Los alisios, aunque tengan esa fama de que soplan sin descanso, días, semanas y meses enteros, también descansan. A veces desaparecen en medio del océano sin motivo aparente y uno se pregunta dónde se han metido hasta que vuelven a aparecer. Y un solo día de ausencia se paga muy caro en las medias. Pero de momento la previsión meteorológica que ha podido captar por la radio le garantiza ese mismo viento al menos durante los próximos dos días. Será cuestión de aprovecharlo. Albert sabe que la meteorología no es una ciencia exacta y hay un cierto margen de error. Hacer una buena previsión no es tarea fácil.

Julio de 1977. Talló

No me lo iba a prohibir pero tampoco me iba a ayudar a conseguirlo. Si quería ir en bicicleta por Barcelona ya me buscaría la vida para comprarme una. Mi padre tenía muy claro que no me iba a echar una mano. "Es muy peligroso y no quiero tener sobre mi conciencia el que, después de haberte ayudado yo, sufras un trágico accidente. No me lo perdonaría nunca." Ya entonces, con tan sólo dieciséis años, formaba parte, por méritos propios, del nutrido Club de los Tozudos. Quería ir en bicicleta por Barcelona y lo conseguiría.

En el último trimestre de mi 2.º de BUP empecé a buscar trabajo para el verano. Con mi edad y mi "sobrada" experiencia no resultó fácil. Finalmente Enriqueta, la cocinera de las colonias de Bellver de Cerdanya donde yo había pasado todos mis veranos desde los cinco hasta los once años, convenció a unos vecinos para que, casi de favor, me cogieran como mozo.

A la mañana siguiente de mi último examen de junio, llegué a Cal Rei de Talló, cerca de Bellver de Cerdanya. Mi trabajo era muy simple: hacer lo que me dijeran. Y eso hice. Limpiar las cuadras, sacar toneladas de mierda, ordeñar vacas, limpiar márgenes, segar campos, mover miles de balas de paja y hierba, pastorear las vacas, etc. En esa granja nunca había un minuto de descanso. Siempre había algo que hacer. Fueron tres meses inolvidables. Fue mi primer sueldo ganado fuera de casa: 17.000 pesetas al mes y además mantenido. Realmente no era un gran sueldo, pero en absoluto tenía conciencia de ello. Allí cumplí mis diecisiete años y allí descubrí el placer de un trabajo muy duro en contacto con la naturaleza. Allí descubrí el concepto del trabajo sin horarios. Pero no porque uno pudiese elegir, sino porque la jornada laboral abarcaba desde las seis de la mañana hasta las nueve de la noche con breves paradas para comer.

Aquella mañana me habían mandado ir a trocear el gran montón de troncos y ramas que se acumulaba en la parte trasera de la casa, cerca del camino que llevaba al Coll de l'Ingla. A golpes de hacha iba cortando todos los maderos a la medida para que entraran en la cocina de leña que había en la casa. El montón era inmenso, inacabable. Cuando entre tarea y tarea me quedaba un tiempo muerto, allí me mandaban. Había que hacer provisión para el largo invierno. Allí, el invierno era duro.

Estaba enfrascado en mi tarea cuando de pronto vi llegar por el camino a los niños y niñas de las colonias de Bellver. Iban de excursión bajo la tutela de mi hermana, que trabajaba como monitora los meses de verano. Decidieron pararse junto a mí a tomar su pequeño desayuno. Estuvieron jugando un rato mientras yo seguía dejando caer rítmicamente el hacha. Algunos se me acercaron y me contaron la excursión que tenían previsto hacer. Finalmente me preguntaron qué tal día tendrían. Con cara de experto consumado miré el cielo, completamente despejado, dirigí la mirada a levante y a poniente y, lacónicamente, con gran seguridad en mí, respondí: "Tranquilos. Hasta las cinco y media podéis estar tranquilos. Pero cuidado, porque a partir de esa hora empezará a llover. De todas formas no lloverá más de una hora. Luego volverá a salir el sol y por la noche veréis el cielo estrellado".

A primera hora de la tarde fueron apareciendo las primeras nubes en las cumbres cercanas. Poco a poco la sierra del Cadí quedó completamente nublada y al cabo de un rato estaba todo cubierto. Algo más tarde, cuando las manecillas del reloj marcaban la fatídica hora que yo había pronosticado, del cielo empezaron a caer las primeras gotas. El chaparrón fue intenso y duró lo que duran habitualmente los chaparrones de verano en el Pirineo. Una hora más tarde, aparecían de nuevo motas azules en el cielo y al anochecer las cuatro nubes que quedaban pintaron el cielo de mil colores escenificando una vistosa y colorida puesta de sol: Rojos, naranjas, amarillos, amoratados, granates... ¡Qué soberbias puestas de sol teníamos cada día! Con la llegada de la noche las estrellas volvían a ser las protagonistas. Ni una nube. Tan sólo el claro e intenso brillo de la Vía Láctea manchaba el cielo inmaculado.

Días más tarde encontré de nuevo a mi hermana por el pueblo y me contó lo maravillados que estaban los niños con el acierto y la exactitud horaria de mi predicción. "¿Cómo lo ha hecho? ¿Por qué lo sabía?" Incluso ella parecía estar interesada en saber qué signos externos me habían llevado a un acierto de tal precisión. No recuerdo si llegué a explicárselo o me guardé el secreto para darme algo de importancia frente a mi hermana mayor. Lo cierto, no obstante, es que en mi predicción había muy poco de misterioso. Mi único acierto y mi única ciencia fue observar. Observar que en los últimos cuatro o cinco días, cada tarde, más o menos a eso de las cinco y media, la lluvia había hecho acto de presencia en forma de cortos chaparrones. En definitiva, pues, toda mi predicción no había sido más que una descripción de lo que había acontecido los últimos días. ¿Cómo podía yo, si no, saber el tiempo que iba a hacer? El resto se lo debo a la suerte que quiso que aquél no fuera un día distinto a los anteriores.

El piloto sigue trabajando sin descanso y a Albert le queda mucho tiempo libre. Vigila y cuida el material, contempla, duerme, medita, escribe e incluso llega a aburrirse, algo que en el mar le sucede muy raramente. Pero este barco no permite muchas cosas y uno se moja continuamente. En un 50 o un 60 pies, hoy podría ir sentado en cubierta sin mojarse, pero aquí es imposible. Por esto se pasa muchos ratos dentro, sentado más o menos cómodamente (es un decir), con la escotilla cerrada, porque de lo contrario va entrando agua. Hace calor y echa de menos un buen libro para leer y distraerse.

No puede quejarse del *Escuela Náutica de Catalunya*: se mantiene muy estable y no tiene ningún problema. Seguramente podría ir más rápido, pero Albert está pagando la falta de entrenamiento de los últimos meses; está pagando que no conoce bien el barco y no sabe hasta dónde le puede pedir. Entrenando hubiera podido forzarlo, averiguar hasta dónde podía llegar sin romperlo o perder el control. Pero aquí no puede correr riesgos, no puede poner en peligro su barco, no puede acercarse siquiera a un posible punto de rotura o de descontrol. Por esto no se atreve a izar más vela.

Las articulaciones del botalón en proa le hacen sufrir. Hacen mucho ruido. Sabe que si rompe alguna cosa del botalón, no podrá usar el *spinnaker*, lo que sería catastrófico con poco viento. Un motivo –¿o una excusa?– más para no forzar. Lo primero, se lo recuerda muy a menudo, es llegar.

De vez en cuando saca la cabeza para otear el horizonte. En una de éstas, ve pasar por la popa un barco mercante muy cerca. Ni siquiera lo había visto. Esta vez, quien no llevaba la guardia muy atenta que digamos era él.

Otro carguero recoge esa misma noche a Diane Gélébart, que esta mañana pidió auxilio poniendo en funcionamiento su baliza Argos. Su barco dio un vuelco completo, de 360º. Cuando se puso en pie, el mástil estaba roto en tres pedazos. Diane intentó fabricarse un aparejo de fortuna para volver a las Canarias por su cuenta, pero los trozos de palo eran demasiado pequeños para improvisar algún sistema que le permitiera dirigir el barco hacia un punto. Por ello decidió lanzar el Mayday.

Primero fue localizada por un avión de la Marina española, que habló por radio con la navegante. La operación de salvamento de Diane se completa a primera hora de la noche cuando un carguero maltés la recupera y además toma a remolque a su *À chacun son cap*.

Capítulo 15

VOLVER A NACER
Forzando la máquina

El *Escuela Náutica de Catalunya* está en 23° 03' Norte y 25° 31' Oeste. Este miércoles 27, 2.086 millas lo separan de la llegada. En las últimas veinticuatro horas ha hecho 179 millas de aproximación. Esta travesía empieza a parecerse a una travesía por la ruta de los alisios. En seis días se ha acercado casi 700 millas a la línea de llegada, lo que no es ninguna maravilla. Pero más de la mitad de estas millas las ha cubierto en los dos últimos días: en las últimas dos singladuras la aproximación ha sido de 362 millas. Es una media de 181 diarias, a una velocidad de más de siete nudos y medio, y esto ya entra dentro de las previsiones normales para estos pequeños bólidos.

Su cabeza no para. Se pasa el día haciendo cálculos para saber cuál es su media. Le quedan dos semanas para el día 10 y cada vez tiene más claro que éste es un objetivo realista. Ayer fue el primer día en que creyó en esta posibilidad, pero ahora está convencido de que puede conseguirlo.

El descubrimiento es una inyección de moral. Se siente más motivado y el *Escuela Náutica de Catalunya* lo nota. Albert empieza a apretarlo un poco más. Ayer hizo algunas planeadas bonitas, largas, a más 14 nudos, y esto lo motiva. Empieza a disfrutar con estos acelerones sostenidos. Es francamente divertido.

Albert no es el único que va rápido. Según las clasificaciones que facilita la organización, basadas en las posiciones de las balizas Argos que lleva cada uno de los barcos, el *Escuela Náutica de Catalunya* va el décimo noveno y está a 162 millas del líder,

Lionel Lemonchois, situado más al sur y que disfruta de unos alisios bien establecidos desde hace varias jornadas.

Albert no se entera, pero el francés acaba de dejar pasmado a todo el mundo con una singladura de 250 millas, ¡a una media de más de 10 nudos durante veinticuatro horas en un barco de seis metros y medio! Debe de volar sobre las olas. Parece difícil mantener este ritmo durante un día seguido. De seguir así, en ocho días se planta en la línea de llegada. ¿Aguantarán el esfuerzo el patrón y el barco?

Los días transcurren monótonos sin que pasen muchas cosas. Aparte de unas pocas maniobras, revisar el material, hacerse la comida y calcular velocidades, promedios y posibles fechas de llegada, a Albert le queda mucho tiempo para pensar. Piensa que el mundo en el que se mueve es pequeño. Más que mundo, es una burbuja. Las cosas se reducen a un pequeño barco, en el que sólo hay un individuo, que es él, y por tanto no hay relaciones humanas.

De alguna manera, e incluso sin querer, procura hacer más grande este mundo, para que haya relaciones humanas. Lo hace pensando en gente que ha pasado por su vida. Por el *Escuela Náutica de Catalunya* pasa mucha gente.

A veces es gente que conoce desde pequeño. Durante muchas horas tiene en la cabeza a Jordi Suñé, un antiguo marino mercante y gran joyero artesano, todo un personaje de setenta años, que ha sido una especie de padre para él. A lo largo de su vida han tenido conversaciones maravillosas. Allí, solo en medio del océano, a Albert le entra la nostalgia de esa relación tan bonita entre los dos.

Cada día le toca el turno a alguien. Ni se lo propone, ni elige conscientemente al destinatario de sus pensamientos. Pero sucede. Tampoco es que piense en esa persona durante todas las horas del día, pero sí que la mantiene allí, en un segundo plano, y de vez en cuando va reflexionando sobre los momentos de la vida que han compartido.

El viento ha ido rolando y ya lo tiene del nordeste. Pone el *spinnaker* a menudo, el barco lo aguanta muy bien y hace planeadas importantes.

El viernes 29, después de varios días amurado a estribor, traslucha: el viento ya es totalmente del este y ha ido subiendo progresivamente. El cambio ha venido precedido de una noche un poco rara, de condiciones cambiantes. Ha tenido que trabajar un poco más de lo normal.

Sobre todo navega con un rizo en la mayor y el *drifter*, que va alternando con el *spinnaker*. Pero esta noche aguanta durante media hora un buen acelerón del viento, con el *spinnaker* arriba. Ha sido impresionante. La estela era brutal, y las planeadas, interminables. El barco no ha perdido su estabilidad en ningún momento. Bien.

La noche del viernes 29 al sábado 30 es su primera noche sin chubascos, esos nubarrones que llegan de repente, acompañados de bruscos acelerones de viento. Pero eso no significa que el viento no tenga oscilaciones. Los alisios no son tan constantes como la gente se piensa.

Durante un rato Albert fuerza la máquina, con el *spinnaker* arriba, y se lo pasa muy bien a la caña. Con tanto trapo y estas planeadas tan largas y rápidas, tiene que llevar personalmente el barco, porque el piloto no lo controla y cualquier error puede ser fatal. Pero se cae de sueño y al final no le queda más remedio que arriar el *spinnaker*. Esta vez no es ninguna excusa: no se aguanta en pie y por dos veces ha evitado *in extremis* una trasluchada salvaje, después de dormirse uno o dos segundos sin darse cuenta. Navegando solo ha llegado a adquirir una especial habilidad para entrar con gran rapidez en un sueño profundo. Esto le ha comportado algún que otro problema en sus períodos de adaptación a la vida terrenal tras una larga travesía.

Martes 31 de enero de 1995. En un rincón de Barcelona

Los días pasan. Uno tras otro. Hoy hace ya más de tres semanas del accidente. Cada vez que miro las fotos de cómo quedó el coche... no siento nada. Me obligo a mirarlo con detalle y a convencerme y darme cuenta de que alguien, en algún lugar, nos ha dado a toda la familia una segunda oportunidad. ¡Y la tenemos que vivir y aprovechar!

Cuando miro las fotos, y lo hago a menudo, quizás la única vibración que aparece dentro de mí es la misma que uno debe de sentir cada vez que mira el billete de lotería que le acaba de tocar y que le reportará una gran cantidad de dinero. Pero en nuestro caso lo que nos ha tocado es una segunda vida llena de salud y, estoy seguro, felicidad.

Qué fácil es morirse. No noté nada y quedé inconsciente. Minutos más tarde desperté... pero también hubiese podido quedarme poseído por el sueño eterno y nada en mí hubiese cambiado. Ningún sufrimiento. Punto y final. Todo fue tan rápido, indoloro y silencioso que acercarse a la muerte de esta manera resulta sorprendente. Ni tan sólo tuve el tiempo de pensar. Los pensamientos y las imágenes quedaron ralentizados mientras los acontecimientos pasaban a cámara rápida hasta ser totalmente imperceptibles por mis sentidos.

Qué rápido y con qué facilidad se puede emprender el Largo Viaje. Y no volver nunca jamás. Qué egoísta es decir que la muerte de uno de mis hijos hubiese llenado mi vida de sufrimiento mientras que mi muerte me hubiese dado la paz. Porque quizá la muerte es lo más cercano a la paz. Quien sin duda sintió que una parte de su vida se iba fue Ernes cuando me vio sentado en el coche al revés, con el techo apretándome la cabeza y un reguero de sangre saliendo de ella. La vida de los niños le debió reconfortar. Mi muerte le debió de entristecer. No dudo que la misma dosis de paz que yo sentí, fue de angustia y sufrimiento para ella.

–¡Míralos! ¡Creo que son ellos!

Ligeramente cegados por la intensidad de las luces de la costa, podíamos ver a contraluz la negra silueta de una lancha neumática que, dejando una larga estela, avanzaba a toda velocidad por el canal de entrada y salida a Lorient. Ya habíamos arriado y doblado la mayor y tan sólo nos manteníamos con un génova pequeño en proa. Alain Gautier nos había dicho que vendría a recibirnos en cuanto llegásemos y nos guiaría y remolcaría por el canal hasta el amarre. Tenía que ser él.

Era la noche del 5 de enero de 1995 y estaba a punto de concluir uno de los más bonitos trabajos que jamás me habían encargado. Uno de los trabajos que aún hoy siguen presentes en mi interior de forma preferencial. Que Alain Gautier, que pocos meses antes había entrado en Les Sables d'Olonne como merecido vencedor de la Vendée Globe, me llamase a primeros de diciembre de 1994 ofreciéndome ir a Guadalupe a reparar su *Bagages Superior* y traerlo posteriormente navegando hasta Lorient era un sueño. Parece mentira que a menudo aquello que uno prevé con tiempo no acontece y de pronto lo imprevisto surge delante y cumple con todos los requisitos necesarios para llenarle a uno de satisfacción. Y eso es lo que me estaba ocurriendo. Ni en sueños hubiese podido imaginar algo semejante. Es más, tal era en ese momento mi incredulidad que temía que un acontecimiento imprevisto (la torcedura de un pie, un cambio de planes, etc.) pudiera estropear todo lo que me estaba ocurriendo.

"Escoge al tripulante que quieras que te acompañe. Si no encuentras ninguno, Catherine Chabaud tiene muchas ganas de hacer la travesía."

Se lo propuse a Toni, pero sus compromisos profesionales se lo impedían. Además había que estar dispuesto a pasar Navidad y Fin de Año en alta mar. No busqué a nadie más. Conocía un poco a Catherine. Habíamos compartido dos etapas de la Vuelta a Europa a bordo precisamente del *Bagages Superior*. Era una periodista con un entusiasmo desbordante por aprender todo lo relacionado con la navegación a vela. A su cualidad de absorber todo cuanto le decías, como si fuera una esponja, unía la virtud de ser muy inteligente. Me parecía que podía ser una excelente tripulante para el viaje.

–*Salut! Ça va?*

Alain se había abarloado al velero y subieron a bordo. Le acompañaban su mujer Cendrine y su hija Ninon. Fue un detalle que, bajo aquella incesante lluvia, Cendrine, embarazada de tres meses, quisiera venir a recibirnos. Abrazos, besos, sonrisas, apretones de manos. Esa noche en su casa nos esperaba un enorme filete que me supo a gloria. Antes pasé por la ducha caliente. Era obligado. Las noches de enero en la Bretaña francesa no son como las de Barcelona. Me sentía bien. Muy bien. Como me siento siempre cuando llego tras una larga travesía. Era muy feliz. En apenas quince días habíamos traído, en perfectas condiciones, aquel maravilloso 60 pies. Por el camino, en pleno Atlántico Norte, tuvimos largas, entretenidas, distraídas y movidas conversaciones con varias de las depresiones que esa zona tiene a bien generar en los meses de invierno. Una de ellas, de gran violencia, causó estragos en la costa sur de Inglaterra y en la costa Atlántica francesa tras haber jugado treinta y seis horas con nosotros.

Por el reto que había supuesto para mí (jamás antes había llevado un 60 pies a través de un océano) y por las duras condiciones que en ella habíamos vivido, aquélla fue una travesía maravillosa, inolvidable. Qué bien me encontraba. Sentía que mi autoestima, muy deteriorada en los últimos tiempos, había crecido varios enteros. Estaba bien conmigo mismo y con quienes me rodeaban.

Fuimos a dormir tarde y a la mañana siguiente el día amaneció despejado. Calcé mis zapatillas de correr y mientras todos aún dormían en casa de Alain, salí a la calle dispuesto a hacer mis kilómetros matinales. En las dos últimas semanas no había corrido nada y lo echaba en falta. De regreso me encontré con Alain, que también había salido a dar una vuelta. Aún corrimos un rato juntos y volvimos a casa. Mi capacidad de adaptación era enorme. No tenía ni la más mínima impresión de que acababa de llegar del otro lado del Atlántico navegando a vela. Los dos últimos días en el mar apenas había dormido y mi primera noche en tierra se había saldado con cinco horas de somnolencia. Quizá tan sólo la sensación de relajo, de bienestar, de tranquilidad personal y el ferviente deseo de regresar cerca de mi pequeña familia podían delatarme.

Alain consiguió un billete de avión para ese mismo día vía París. ¡Qué bien! Podría ver a mi familia. Tenía unas locas ganas de abrazarles. Hacía casi un mes que había salido de casa y habíamos tenido muy poco contacto telefónico.

El sábado 7 de enero por la mañana circulaba en

tren con destino al lugar donde Ernes, Eduard y Víctor habían ido a pasar unos días de vacaciones. Al día siguiente, domingo, regresábamos los cuatro en coche a Barcelona. Era la una del mediodía. Nos esperaban para comer en Barcelona y, mientras conducía y hablaba con Ernes, el sueño me envolvió con pasión y avaricia. Hacía escasamente setenta horas yo aún estaba a bordo del *Bagages Superior*. Mi forma de dormir en navegación lo forman breves y apasionados instantes de sueño. Mi cuerpo aún se sentía cerca de las olas...

–¡¡¡Albert!!!

El fuerte grito me despertó. Vi perfectamente que el coche salía de la autopista por la medianera. Mi reflejo no fue el adecuado. Di un golpe de volante hacia la derecha. "Albert te has pasado. Tienes que rectificar." Fue mi último pensamiento. Di un contravolante a la izquierda y... Blanco. Silencio. Paz. Vacío. Nada. Nada. No estoy. No existo. No recuerdo. No hay memoria.

El coche dio contra la valla de la derecha y tras un buen número de volteretas quedó por fin detenido en mitad de la autopista con las ruedas hacia arriba y, eso sí, tras haber destrozado, a lo largo de su malabar trayecto, 60 metros de valla protectora. A pesar del numeroso tráfico reinante en un domingo por la tarde de entrada a Barcelona, no chocamos con nadie.

La autopista en dirección Barcelona quedó completamente paralizada y por simpatía también en el otro sentido. La aparatosidad del accidente dio pie a ello. Ernes, tras desabrocharse el cinturón de seguridad, pudo salir a través de su ventana. Inmediatamente ayudó a Eduard quien, sujetado también por el cinturón, estaba colgado cabeza abajo. Víctor, sentado detrás de mi asiento y llorando ruidosamente, pudo ser sacado del coche con la ayuda de otros conductores que levantaron ligeramente el vehículo con sus manos. Víctor, como Eduard, llevaba bien colocado su cinturón de seguridad. A pesar de ello se rompió el brazo izquierdo. Afortunadamente el peor parado fui yo. Con conmoción cerebral y un importante corte en la cabeza sangrando aparatosamente tuve que ser trasladado a un centro hospitalario, donde me practicaron las curas pertinentes.

Tres días más tarde, ante mi insistencia, fui a ver el coche. Ingenuo de mí, creía que podríamos repararlo. Al menos, y de alguna manera, quería resarcir a mi hermano, pues él era el dueño.

No podía creer lo que veían mis ojos. Sentí un escalofrío en todo el cuerpo y por un momento pensé que me tenía que sentar. Fue entonces cuando, viendo el estado en que había quedado el coche, comprendí muchas cosas. Comprendí que la vida había ganado esa mano a la muerte... pero de farol y por los pelos. Comprendí que aquello de "a mí eso no me pasará" no es más que un mecanismo de defensa tan superficial y fácil como falso y engañoso. Comprendí que mi familia y yo éramos tan mortales como cualquiera y que nosotros también podíamos ser los protagonistas de las desgracias que creemos que sólo ocurren a los demás.

Comprendí que en sociedad podemos sentirnos desgraciadamente solos, pero la sociedad establece unos mecanismos para no dejarnos solos. Yo no pedí ayuda. Pero la necesitaba. Diez minutos después de mi brutal encontronazo yo estaba en una ambulancia. Apenas media hora después ya me habían cosido la cabeza. Comprendí el valor de la vida en sociedad y, trasladándolo a una escala inferior, la importancia del trabajo en equipo.

Comprendí, en definitiva, que nos habían dado una segunda oportunidad y no iba a despreciarla.

Tengo muy claro que ese día volvimos todos a nacer. Por eso cada 8 de enero celebramos en casa un cumpleaños colectivo.

Albert decide arriar el *spinnaker* y poner el *drifter*. Con esta vela baja la velocidad y el piloto ya puede gobernar. Si no podía controlar el *spinnaker*, no era culpa del piloto, sino de que Albert iba ciertamente pasado. Por primera vez en esta etapa.

Esta vez, sin embargo, no sufría por el *spinnaker*. Unas horas antes había descubierto de forma accidental una nueva forma de arriarlo que le ha dado mucha confianza. Ahora sabe que en menos de un minuto puede pasar de tener todo el trapo arriba a tenerlo recogido en la bañera.

Albert empieza largando la escota en banda. Tira después de la braza de barlovento hasta que el botalón queda completamente plegado contra el obenque de barlovento. El *spinnaker* queda de esta manera flameando desde el obenque hacia proa, un poco apoyado sobre el estay. Albert lanza entonces la driza del *spinnaker* al agua (así está seguro de que no se enredará), abre la mordaza de la driza, tira del *spinnaker* hacia abajo y lo deja caer directamente en la bañera. Es una maniobra rápida, limpia, clara. Lo ve clarísimo. Incluso decide eliminar el enrollador del *drifter*, que sólo le da problemas, y arriar esta vela con el mismo sistema que el *spinnaker*.

CAPÍTULO 16

LA TIERRA DESDE EL MAR
Fisura en el timón

El domingo 31 de octubre por la mañana descubre agua en el fondo del barco. No es normal. Sigue sus huellas en busca del origen. No parece mucha, pero podría ser el inicio de una vía de agua. Y esto sí que sería grave.

El agua viene de proa. Se ve claramente el rastro. Procede de la escotilla del mamparo de colisión. La abre y encuentra el compartimento estanco lleno de agua.

Inmediatamente empieza a sacar agua. Eso es lo primero. Después, si consigue vaciarlo, ya buscará por dónde entra. Uno tras otro, saca cubos enteros de agua. No es cómodo. Con un pequeño recipiente va sacando el agua, llena el cubo, se arrastra con él por la cabina y lo vacía en la bañera.

Va contando. Al menos ha sacado ochenta litros cuando considera que la proa ha quedado seca. Ha pasado una esponja para facilitar el control de cuanta agua entre a partir de ahora.

Comprende por qué al *Escuela Náutica de Catalunya* le costaba planear por encima de los 14 nudos. Con tantos kilos en el extremo de proa, era normal.

El agua no ha entrado por el casco. A la luz de la linterna le ha parecido que procedía de cubierta, de uno de los extremos de cubierta. Los dedos siguen las marcas y descubre que hay un agujero importante debajo de una pata del balcón de proa. Por allí ha entrado el agua. Por suerte, es fácil ponerle remedio. Un poco de masilla de epoxi debería solucionar este contratiempo.

Puestos a echar agua por la borda, vacía un bidón de 20 litros de agua dulce. No le hará falta. Al paso que va, tiene líquido para llegar sobradamente a Guadalupe. Cuantos menos kilos lleve a bordo, más correrá.

Su trasero le molesta. Tiene ya serias dificultades para sentarse. Al final mitiga su dolor sentándose encima de un saco de *spinnaker.*

Lleva varios días disfrutando con la velocidad de su *Escuela Náutica de Catalunya*. Por la tarde, navega a 11 nudos con *spinnaker.* Acaba de entrar en la cabina cuando oye un ruido en popa y el barco hace un gesto como de pararse. Está claro que ha chocado contra algo. Vuelve disparado hacia cubierta, pero antes aún tiene tiempo de oír un segundo ruido. Entre un sonido y el otro no ha transcurrido ni un segundo. Esto lo tranquiliza. El disparador del timón ha funcionado, se dice.

Al sacar la cabeza por la escotilla confirma sus temores y también su tranquilidad. Ve cómo por la popa se aleja un tronco, un tronco grande, que flota a la deriva en medio del océano. Seguramente se ha caído de alguno de esos buques madereros que trasladan bosques enteros desde cualquier país productor a un puerto industrial. Inmediatamente después sus ojos se posan en la popa del *Escuela Náutica de Catalunya* y confirman que el timón de estribor está levantado. Señal inequívoca de que el sistema de seguridad diseñado por Bernat Calpe –es el único barco de la flota que dispone de este invento– ha funcionado. Lo que hubiera podido ser una avería irreparable –a la velocidad que iba, hubiera perdido el timón irremisiblemente– se ha saldado sin ningún contratiempo. En Sams-C3 estarán contentos cuando les explique que su sistema funciona a la perfección.

Vuelve a poner el timón en su lugar y sigue navegando. Pasado el primer susto, el barco se comporta de maravilla. Y la moral sube.

Al mediodía siguiente, está a 1.274 millas de la llegada. Ha pasado ya el ecuador de la travesía. Lleva once días de navegación, pero está convencido de que le queda mucho menos para llegar. El objetivo de entrar en Basse-Terre el día 10 es cada vez más factible. En los últimos cinco días se ha aproximado 812 millas a la línea de llegada, lo que supone 162,4 millas al día, a una media sostenida de 6,76 nudos. ¡Aún recuerda que el primer día sólo hizo 81! Realmente ha habido un cambio importante con las medias. Está haciendo 150, 160, 180, casi 190 millas por día. Y todas estas cifras son millas de aproximación, que son las únicas que Albert tiene en cuenta, lo que significa que, de hecho, navega muchas más. Si tuviera en cuenta la distancia recorrida en veinticuatro horas, los promedios serían bastante más altos.

En la organización también se dan cuenta del progreso de Albert. Por primera vez en toda la travesía, lo citan de pasada en su comunicado diario entre los que más están andando.

Albert decide sacar del saco estanco las cartas de Guadalupe y sus alrededores. Es hora de empezar a preparar la llegada. Le gusta hacerlo con tiempo. Siempre lo ha hecho así. Y además disfruta con ello.

5 de noviembre de 1985. A bordo del *Fortuna Lights*. Llegando a Ciudad del Cabo

Llevo casi dos semanas estudiándome todos los detalles. Luces, faros, boyas, bajos, cabos, muelles..., todos los detalles me interesan. Cada día, sobre las cartas, derroteros, libros de faros y otras publicaciones, dedico un rato al estudio de todo lo relacionado con nuestra llegada a Ciudad del Cabo. Allí concluye nuestra primera etapa de la Whitbread, que empezamos hace treinta y ocho días en Gosport (Inglaterra). A bordo del *Fortuna Lights* me han encomendado, entre otras tareas, la de llevar la navegación en su vertiente más burocrática y administrativa. Es decir, en prepararlo todo en la mesa de cartas para que otro tome las decisiones.

De todos los trabajos o tareas que debo efectuar, preparar una llegada es de lo más divertido. En todos mis años navegando siempre ha sido para mí una labor divertida, entretenida y muy formativa.

Estudio todo cuanto hay sobre Ciudad del Cabo. Lo memorizo todo, y hoy, cuando ya estamos a punto de llegar, ya tengo en mi cabeza una carta completa del puerto de esa ciudad surafricana con todos sus alrededores. Distancias, demoras, rumbos, frecuencias de luces, nombres. Me gusta memorizarlo todo. Imaginar en mi cabeza la carta y ver cómo el velero va moviéndose por ella.

Los últimos días han sido de una dura navegación con vientos portantes que nos han hecho ganar muchas millas respecto a otros contrincantes, mientras el temporal causaba serios desperfectos en varios barcos de la flota.

El viento ha calmado y una ligera brisa nos hace avanzar hacia Ciudad del Cabo. Tan sólo queda una mar tendida como recuerdo del temporal vivido. Frente a nosotros tenemos el espectáculo de luces de toda la ciudad reposando extendida sobre la falda del monte Table. La Montaña del Diablo y Lion's Head flanquean la ciudad por poniente y por levante. Poco a poco el cielo va rompiendo su negrura y va adquiriendo un ligero brillo cada vez más intenso. El negro pasa a azul oscuro y éste se rompe progresivamente a medida que el cielo clarea por nuestra proa. De pronto, de forma súbita, cuando aún hay más noche que día, todas las luces de la ciudad se apagan a la vez. La montaña, cuyas laderas se dibujaban en el cielo adornadas por largas hileras de luces, ha desaparecido. Tan sólo queda una silueta negra trazada sobre el naciente cielo.

Parece que ese impactante espectáculo ha sido preparado para nosotros. Me quedo un largo rato en cubierta, con los prismáticos en la mano, mirando el negro que han dejado las luces. Nunca había visto algo semejante. Empiezo a escrutar la oscuridad con los prismáticos y poco a poco voy identificando todos los puntos que he estudiado en las cartas.

Los días que paso en esa preciosa ciudad los aprovecho, en mis ratos libres, para ir a conocer desde tierra todo aquello que yo he aprendido y visto en los libros a bordo del barco. Lo que me había imaginado y estaba retenido en mi mente como un elemento indispensable para la correcta navegación, lo puedo ver en realidad, tal y como es.

Ciudad del Cabo me roba el corazón. Vivo allí los primeros brotes de lucha *antiapartheid* y en la ciudad se respira, en blancos y en negros, un deseo unánime de vivir. De vivir en armonía. Subo al monte Table a pie para ver la ciudad desde lo alto. Paseo solo, aun cuando no es recomendable, por sus calles. Conozco y entablo relación con su gente. Me voy de allí con el recuerdo de una ciudad que parece querer abrirse camino hacia un futuro mejor y en concordia.

Cinco años más tarde regreso a Ciudad del Cabo en calidad de asistente de José Luis de Ugarte durante su BOC Challenge, la regata de la vuelta al mundo en solitario en cuatro etapas. La ciudad ha mejorado enormemente y la vida se ha dinamizado por todos lados. Ciudad del Cabo es, según parece, y con diferencia, el lugar del país donde la integración racial ha alcanzado sus máximas cotas de normalidad. Que no quiere decir que sean suficientes.

Hoy sigo guardando en mi memoria la belleza natural de la ciudad mezclada con esas ansias irrefrenables de su población por vivir y determinar su futuro. Creo que algo hizo que me enamorara de esa ciudad.

La última noche ha sido espectacular. Albert fuerza la máquina y cada vez disfruta más. Ahora sólo sufre por la unión del botalón en la proa, cuyo eje de giro chirría continuamente y hace mucho ruido. No es el ruido en sí lo que le molesta, sino el temor de que se rompa algo. Sabe que al *Reality* de Peter Heppel, un barco muy parecido al suyo, se le hundió toda la proa en la primera etapa por la compresión del botalón. Y teme que a él le ocurra algo parecido.

Teóricamente no debería sucederle. En Lanzarote, cuando Peter le comentó lo que le había pasado, llamó a Luis para saber cuánta fibra había puesto en la zona y lo hablaron largo y tendido por teléfono. La conversación lo tranquilizó, porque los planos indicaban un grueso monolítico de 10 milímetros en este punto y en el *Escuela Náutica de Catalunya* es del doble. No fue ningún capricho: sencillamente, hicieron allí el solape del tejido, que llegaba por los dos costados del casco.

Pese a ello, los ruidos que oye ahora no lo dejan tranquilo. Cada dos por tres se va a proa, mira, palpa, mantiene la mano encima para averiguar qué movimientos hace, para comprobar que no se fisura, que no hace ningún juego que no debiera tener. Mira una y otra vez el bloque monolítico que lo aguanta, en búsqueda de cualquier signo de hundimiento como en el *Reality*.

Pese a esta preocupación, Albert mantiene el ritmo e incluso lo supera. El día 2 se acerca a las 200 millas diarias de aproximación. La corredera difícilmente baja de 9 nudos. Y está más rato encima de los 10 que por debajo. Lástima que no pueda ir a rumbo directo –es más rápido orzar un poco más de lo debido, porque lo que pierde en dirección lo gana de sobras en velocidad–, pero no es cuestión de quejarse, ni mucho menos. En las últimas doce horas se ha comido 101 millas. Increíble. No se acuerda de su sufrimiento en los tres primeros días de travesía por la falta de viento. Aquello queda tan lejos...

Albert está lanzado. Es la mañana del día 3 y ve acercarse un chubasco por popa. No parece muy fuerte y calcula que la subida del viento no durará más de 15 o 20 minutos antes de volver a su intensidad habitual. Navega con un rizo en la mayor y el *spinnaker* pesado. Mucho trapo para un chubasco como el que se le echa encima.

Pero cada vez confía más en sí mismo y se pone a la caña. Con él al timón, el *Escuela Náutica de Catalunya* podrá despabilarse. Serán más millas en la estela. Además, así se ahorrará la maniobra de arriar el *spinnaker* e izar el foque ahora, y arriar el foque y volver a izar el *spinnaker* y estabilizar de nuevo las velas y el barco cuando el chubasco ya haya pasado.

Llegan las primeras ráfagas. Las nota claramente. Siente cómo el *Escuela Náutica de Catalunya* acelera. Empieza a acostumbrarse a estas puntas de 15-16 nudos. ¡Menuda estela va dejando por su popa!

Lleva ya unos cuantos minutos de estas superplaneadas cuando de repente el *spinnaker* se suelta de la driza. Maldice hasta sus huesos. ¿Por qué? ¿Por qué ahora que iba tan bien? No sabe aún qué ha pasado, pero recoge rápidamente el *spinnaker* flameando a ras de agua, con más facilidad de la que pensaba, porque el viento sopla fuerte y no es sencillo recuperar tantos metros cuadrados de nilón al mismo tiempo.

Cuando ya lo tiene todo metido en la bañera, descubre que se ha soltado el nudo que aguantaba el mosquetón. No sólo se le ha arriado el *spinnaker,* sino que además se ha quedado sin una de las dos drizas que lleva a 7/8 del palo.

Ya le pasó en la primera etapa de la Mini-Transat del 87, cuando se quedó sin drizas. Tendrá que aguantar con la única que le queda, porque no tiene ningunas ganas de subirse al palo para pasar un cabito por la polea. No es una tarea fácil para un solitario en la tranquilidad de un puerto, o sea que en medio del océano, con un barco que baila como un condenado, con un viento fuerte y olas, menos todavía.

Al caer el *spinnaker,* se pierde la magia de la velocidad que llevaba. Ahora sí que iza el foque, al menos mientras dura el chubasco. Tendrá unos minutos de tranquilidad, que aprovecha para visitar la popa y dar cuenta de sus necesidades fisiológicas.

Descubre una línea negra en el timón. Alarga la mano para apartar lo que supone que será un cabello en la bisagra. Pero no, allí no hay ningún cabello. Sus dedos le dicen sin ninguna duda que lo que suponía un cuerpo extraño es algo realmente grave. ¡Lo que allí hay es una fisura!

El hecho de que se le haya escurrido el nudo del puño de driza del *spinnaker* ha sido providencial, porque de ir a 15-16 nudos ha bajado a 10-11. A esta velocidad el timón y la bisagra que lo aguanta tienen mucha menos presión. De haber mantenido el *spinnaker* izado la fisura se hubiera podido convertir en una completa pérdida del timón.

Arría el foque de inmediato. El *Escuela Náutica de Catalunya* casi se para, pero esto ahora no importa. Lo único que importa es curar este timón. Lo saca con cuidado, casi con mimo, y piensa en cómo repararlo.

Lo único que puede hacer es comprimir la fisura para evitar que progrese. O, al menos, para frenar y retrasar su progreso. Coge un cabito de 4 milímetros de spectra de Liros –siempre lleva a bordo, le ha sacado ya de apuros en otras ocasiones– y le va dando vueltas al timón, apretando tanto como puede. Después, haciéndole un torniquete, lo tensa aún más y vuelve a instalar el timón en su sitio.

Se lo mira con atención, intentando conocer todas las consecuencias de lo que acaba de ocurrir. Está claro que no puede seguir forzando el barco como lo ha hecho en los últimos días. Las medias se resentirán, es evidente, pero lo primero es llegar.

Las casi 1.000 millas que le faltan para Basse-Terre le parecen ahora una eternidad. ¿Cuánto tardará en cubrirlas con un barco lisiado? Porque es evidente que el *Escuela Náutica de Catalunya* está lisiado. Ya no puede correr como antes. En lugar de estimularlo para que galope sobre las olas, ahora tendrá que dedicarle muchos cuidados, lo tendrá que mimar para que no se precipite y se acabe de romper. Las cosas han cambiado mucho en pocos minutos. Y él está solo, solo en medio del océano. Mil millas son muchas millas.

Tendrá que tirar de las riendas de su pura sangre y obligarlo a ir un poco más despacio. Está claro que a partir de ahora el timón tenderá a hacer unos movimientos que no son los previstos; y esos movimientos laterales –no girará perfectamente sobre su eje– se trasladarán a otras zonas de los anclajes del timón y los harán sufrir. A mayor velocidad, más movimientos y mayor presión sobre todos estos anclajes, y más grave será el problema.

Mejor será resignarse y no quejarse, porque si el timón no aguanta... No, no, hará lo que haga falta, bajará la velocidad, porque mientras aguante el timón irá mucho más cómodo y más seguro. El primer objetivo, se lo repite ahora a menudo, es llegar. Ya casi lo había olvidado en estos últimos días de largos planeos con los alisios.

Sufre mucho por el timón. Lo mira constantemente, lo vigila a toda hora, de día y de noche. A mediodía le quedan 760 millas. Ha superado claramente la barrera de las 1.000, pero 700 millas son las que hay de Gibraltar a las Canarias, que no es poco.

Tiene claro lo que ha sucedido. Aquel maldito tronco con el que chocó el otro día tiene la culpa de todo. El sistema de seguridad funcionó, pero tardó en reaccionar. Albert asume su responsabilidad. Antes de salir, apretó un poco más las tuercas de este sistema de seguridad. Como no había tenido oportunidad de probar el invento, temía que le saltaran los timones por la presión de la misma velocidad del barco. Por eso, en lugar de saltar en cuanto el tronco pegó en el timón, éste aguantó unas décimas de segundo en el agua. Unas décimas de segundo en las que el timón absorbió parte del choque, antes de que el sistema de seguridad funcionase. ¡Y todo por apretar un poco una tuerca!

Se maldice a sí mismo. Pero se controla e impone su sangre fría para madurar una nueva táctica. Si no puede correr, al menos irá siempre a rumbo directo. Esto significa, por ejemplo, que ahora está navegando en popa redonda. Es un rumbo que no le gusta al *Escuela Náutica de Catalunya,* que prefiere lucirse en los largos gracias a su botalón y sus *spinnakers* asimétricos, coger grandes velocidades –pocos barcos de crucero, mucho más grandes que estos minis, podrían mantener las medias que está haciendo en estos últimos días–, trasluchar y repetir el galope tendido del otro bordo. Pero ahora no se trata de lucirse. Ahora se trata de llegar y, aunque sea más despacio, milla que navegue sobre el agua, milla que se acercará a la línea de llegada.

Navegar en popa redonda tampoco es cómodo para él. El peligro de una trasluchada involuntaria es constante. El barco está siempre al filo de pasar la mayor hacia el otro lado; apenas hay margen de seguridad. Y cuando una ola te coge por sotavento –y las olas no sólo le llegan de popa, sino también desde las dos aletas–, te provoca un guiño que si te descuidas puede acabar en una trasluchada involuntaria.

Cómodo o no, hace ya unas cuantas horas que navega en popa redonda, con la mayor totalmente abierta contra el obenque de babor. El problema de mantener el foque en el otro lado, para ir a orejas de burro sin tangón (a bordo no lleva), lo ha resuelto bastante bien con el separador de barlovento, el que hasta ahora usaba para abrir la braza del *spinnaker* que salía del extremo del botalón. Esta braza la ha colocado en el puño de escota del foque. Desde allí va al separador de barlovento y la vela se aguanta bastante bien. Después de unos cuantos ajustes, el invento funciona y el barco parece que mantiene bien el rumbo. Por si acaso, lleva la caña más tiempo del habitual.

Pese al descenso de velocidad –ahora nunca pasa de los 10 nudos y ya veremos hasta dónde baja la media , el timón se mueve mucho. Mucho más de lo que quisiera. Le cuesta estar sentado llevando la caña. Los granos del trasero le molestan y lo ponen aún más nervioso.

Seguramente este desasosiego está a punto de provocar el desastre. El barco se le va hacia sotavento y provoca una trasluchada muy bestia. Instintivamente mete la caña de nuevo para contratrasluchar. Al principio no se da cuenta, pero el barco está sin burdas. Cuando mira hacia arriba para ver cómo pasa de nuevo la mayor, ve que el palo se curva hacia proa. Nunca lo había visto así. Piensa que saltará por los aires de un momento a otro. Pero no, no se rompe. Se recupera y vuelve a su posición original.

En una de esas trasluchadas, sin embargo, se le enrolla la escota de la mayor en el pie y se queda con una pierna al aire y cabeza abajo, medio colgando. La situación sería cómica si no entrañara un peligro evidente. Por suerte no hace mucho viento: si soplara viento fuerte, como hace un rato, el palo se habría roto y él se hubiera hecho mucho daño.

CAPÍTULO 17

LA SUERTE
Más averías

A mediodía está en 19º 09' Norte y 51º 49' Oeste. 597 millas lo separan de Basse-Terre. En veinticuatro horas ha hecho 163 millas, lo que significa una media de casi 6,8 nudos. Habría adelantado aún más –seguro que hubiese superado los 7 nudos de media– si esta noche no hubiera sido tan ajetreada. Tanto, que por primera vez desde la salida de Concarneau, ha disparado la alarma de presencia a bordo a través de la baliza Argos.

Eran las 00:30 horas de la madrugada cuando decidió tomar un rizo en la mayor. El viento había subido un poco y la corredera se situaba a menudo alrededor de los 10 nudos. Demasiada velocidad para el timón herido.

La sorpresa se la llevó cuando, al soltar la driza para arriar un poco la mayor y bajar el puño del rizo, se cayó la botavara: se había roto el pinzote que le hace de eje contra el palo. Seguramente se rompió ayer, con aquel par de trasluchadas tan horribles que hizo. Si no lo ha detectado hasta esta madrugada ha sido porque la mayor seguía aguantando la botavara.

Cuando la ha visto caer, se ha sentido francamente mal. ¿Cuántas horas iba a necesitar para arreglar aquello? No quería ni pensarlo. Por eso lo primero que hizo fue apretar el botón de la baliza Argos que indica que el navegante está a bordo pero que no necesita ayuda. Iba a disminuir drásticamente la velocidad mientras durara la reparación y no quería que en tierra se preocuparan por él cuando las posiciones del *Escuela Náutica de Catalunya* delataran que a bordo pasaba algo anormal.

Tras activar el botón, atangonó el foque, acabó de arriar completamente la mayor, la sacó de la botavara, la dobló, la ató en la banda de estribor, colocó la botavara sobre cubierta y la inmovilizó con la escota.

Ya tenía despejada la zona de la reparación. Afortunadamente había un vientecillo suave, no había mar y la situación estaba muy tranquila. Sólo entonces se centró en pensar cómo podía arreglar aquello. El pinzote había arrancado los seis remaches que lo fijaban y se había doblado. Además, cuando intentó enderezarlo, acabó rompiendo la pieza en dos. Era de esperar. Se trataba de una pieza de fundición que ya se había agrietado al doblarse en frío.

Mejor sería así. Al tener dos piezas separadas, era más fácil asentarlas claramente sobre el mástil. La solución volvía a pasar por su querido cabito de cuatro milímetros de spectra, el que siempre usaba en casos de apuro. Con el cabo –que tan bien le estaba aguantando en el timón– iría dando vueltas y más vueltas, siempre bien tensado, siempre tensado a tope, para que las dos piezas del pinzote quedaran bien pegadas al palo.

Cogió las dos piezas, las encaró al mástil, cogió el cabo con su otra mano, hizo el primer nudo en el mástil y, en aquel preciso momento, se le escapó uno de los dos trozos de la pieza, que empezó a dar vueltas hacia la borda. Sus ojos lo seguían como si estuvieran hipnotizados por esta piececilla insignificante que tanto significaba para él. Iba directa hacia la borda, sin prisa, tranquilamente. Y de allí saltaría al agua y se hundiría irremisiblemente...

No iba a tener tan mala suerte. En el camino se interpuso la base de un candelero. Y allí se quedó. Como un felino, Albert se abalanzó sobre el trocito de metal, lo cogió ávidamente y se felicitó de su suerte. Eso sí que era tener suerte. Era una suerte que se le rompiera la pieza cuando el mar estaba relativamente tranquilo. Y era muchísima suerte que el candelero hubiera frenado una caída inevitable. Sin este trozo de piececita, no tenía ni la más remota idea de cómo habría podido volver a sujetar la botavara al mástil. Y sin botavara, no podía izar la mayor. Y sin mayor las medias bajarían a... No, no quería ni pensarlo.

3 de diciembre de 1997. A bordo del *Budapest*.
Al sur de cabo San Vicente

"All ships! All ships! This is a sail boat in position 36º 53' North - 9º 12' West. My speed is 5 knots and my course is 100º. I don't have navigation lights. I repeat. I don't have navigation lights. I have only a white flashing light."

"A todos los barcos. A todos los barcos. Aquí un velero en posición 36º 53' Norte - 9º 12' Oeste. Mi velocidad es de 5 nudos y mi rumbo es el 100º. No llevo luces de navegación. Repito. No llevo luces de navegación. Navego tan sólo con una luz blanca intermitente."

Más o menos cada diez minutos voy repitiendo el mensaje por VHF.

Entre cabo San Vicente y Cádiz el tráfico marítimo es bastante intenso. Son muchos los barcos que tras pasar el estrecho de Gibraltar arrumban al cabo San Vicente para dirigirse luego hacia el norte de Europa o al revés. Yo no tengo muchas alternativas y me encuentro de lleno en la línea que une ambos puntos geográficos. Barcos por proa. Barcos por popa. Ya ha oscurecido. ¿Por qué estos sitios los tiene uno que pasar siempre de noche? Llevo casi veinticinco días cruzando el Atlántico en solitario y desde la primera noche carezco de luz en el tope de palo. Esas bombillas siempre se funden. Durante la travesía pocas han sido las veces en que he echado en falta esa lucecita. Pero acercándome a tierra y en medio de esa autopista, las cosas son distintas. Qué poco me gustan los barcos mercantes.

Cuando acabé mis estudios en la facultad de Náutica hice un largo período de prácticas en un *bulk-carrier* de 220 metros de eslora. En el *Castillo de Xátiva* tuve la gran suerte de coincidir con grandes profesionales, pero en especial recuerdo a Néstor, un primer oficial que confió mucho en mí y me enseñó a ser riguroso en las guardias y en las maniobras. Una noche, al oeste de la costa africana, fuimos poco a poco acercándonos a un grupo de unos veinte pesqueros que estaban faenando. Desde los más de 40 metros sobre el nivel del mar en que se encontraba nuestro puente de mando, podíamos ver a los pesqueros como simples puntos de luces blancas, rojas, verdes y... no sé. Había muchas lucecitas.

–Venga, Albert. Haz lo que tengas que hacer. Tú llevas la guardia.

Despegué la nariz del cristal del puente y miré con cierta incredulidad a Néstor. Me sonrió y se encogió de hombros. Era de agradecer la confianza que depositaba en mí, pero aquello no era el Seiscientos con el que mi padre me había enseñado a conducir. Delante de mí tenía casi 200 metros de acero, por no decir lo que tenía por atrás. Bajo mis pies, miles y miles de toneladas de hierro.

Sentí el gusano dentro de mí, pero... ¡adelante! Tampoco estaba tan solo. Néstor reaccionaría si yo no estaba a la altura. Carlos, el marinero timonel que compartía la guardia con nosotros, se puso tras los mandos del gobierno y con el piloto automático iba haciendo girar el barco los grados que yo le iba indicando. Haciendo algunos zigzag fuimos sorteando los pesqueros hasta que todos quedaron por popa. ¡Gran éxito! ¡No habíamos hundido ninguno! Me sentí muy bien y lo celebramos durante nuestro particular desayuno.

Pero al acercarme hoy a cabo de San Vicente con el *Budapest*, yo sé que no todos los barcos mercantes funcionan como el *Castillo de Xátiva*. En él tres personas estábamos permanentemente vigilando en el puente y dispuestas a actuar. Hoy en día, la desmesurada lucha por reducir los costes de explotación de los barcos mercantes ha llevado a muchos armadores sin escrúpulos a contratar tripulaciones cada vez menos preparadas y con poco sentido y espíritu marinero. Por ese motivo no puedo confiar en ninguna luz que se me acerque. Debo ser yo quien maniobre y quien mantenga la distancia prudencial. Paso esta noche sin ningún rasguño, pero también sin dormir.

En cuanto puedo, me alejo de la línea que une Gibraltar con San Vicente acercándome un poco a la costa. La niebla hace acto de presencia y el viento me empuja suavemente hacia mi destino. He previsto entrar en Puerto Sherry donde Toni Guiu, mi hermano Ricard y Bruno y Willy García vendrán para ir juntos hasta Barcelona. No quiero correr el riesgo de cruzar el Estrecho de Gibraltar en solitario. Veintiséis días en solitario por el Atlántico ya han sido suficientes.

Puerto Sherry es un puerto que conozco a la perfección y me inspira confianza. Vía Standard C, desde hace varios días, estoy en contacto con Toni Guiu para ir precisando el día y la hora de mi llegada. Toni a su vez habla con Guillermo Morán, el jefe de Puerto Sherry, para coordinar un remolque que me ayude. El *Budapest* carece de motor y sus más de 18 metros de eslora lo hacen ingobernable para entrar en puerto a vela. Y más aún en solitario.

Me hubiese gustado llegar con luz de día pero no puedo quejarme porque, al menos, viendo la velocidad que llevo y la distancia que me queda por recorrer, puedo esperar llegar a Puerto Sherry cerca de la pleamar. Mi único gran temor es que la torre del puerto cierra a las 20 horas y yo no veo claro que pueda llegar antes de esa hora. No quiero por nada del mundo tener que pasarme toda la noche navegando por la bahía de Cádiz o teniendo que fondear en esa zona. Insisto mucho a Toni en que se asegure con el capitán del puerto de que los marineros de guardia saldrán a buscarme a la bocana aun cuando llegue muy tarde.

La oscuridad de la noche ya lo ha envuelto todo, pero frente a mí tengo toda la larga hilera de luces de la bahía de Cádiz que poco a poco van aumentando en número, intensidad y dimensión. El viento es muy suave de popa redonda. Con los prismáticos busco la bocana de Puerto Sherry. No puedo llevar más vela. Quiero llegar cuanto antes. Mi último contacto con Pierre Lasnier, un excelente meteorólogo francés que me mantiene informado en alguna de las travesías que hago, ha pronosticado para esa noche la llegada de un frente con chubascos diversos. De momento a mi alrededor todo parece en orden pero tengo claro que hay que llegar a Puerto Sherry cuanto antes y amarrar cuanto antes. Por nada del mundo quiero pasar esta noche por aquí fuera, cerca de tierra, y con un pronóstico fiable de mal tiempo. Llevo casi dos días sin dormir. No, gracias. Me he propuesto dormir en puerto y tengo que conseguirlo.

Mis primeras llamadas por el VHF a Puerto Sherry no reciben respuesta. Hasta que estoy a una milla mi insistencia no es satisfecha. ¡Me esperan! Arrío la mayor, pongo orden en cubierta, preparo un cabo para el remolque, traslucho el génova y sigo acercándome suavemente. Tengo ya la escollera frente a mí cuando veo la lancha que sale por la bocana. Con un foco le indico mi presencia y enrollo el génova esperando ya su inmediata llegada. Desde hace casi veintiséis días no he podido desear unas buenas noches a nadie. Cuando veo que agarran mi cabo y empiezan a tirar de él, siento que aquélla va a ser una buena noche.

Entramos despacio en el puerto y me amarran perfectamente en el largo extremo de un pantalán. ¡Lo he conseguido! ¡Aquella noche la voy a pasar amarrado en un puerto! Me he quitado un gran peso de encima. Parece, en mi fuero interno, que haber cruzado el Atlántico en solitario con aquel 60 pies no tenga mayor importancia. El gran objetivo ha quedado diluido en la urgencia y la inmediatez de un objetivo más pequeño.

Con el polar, las botas y sin cambiarme desciendo a tierra y me voy al hotel que había allí mismo. ¿Una ducha? No. ¿Una habitación? No. ¿Un restaurante? No. Tan sólo quiero un teléfono. Llamo a Ernes. Llamo a Toni. Llamo a Juan Carlos Navas. Ya estoy en tierra y todo ha ido a la perfección. Ningún problema.

Cuando estoy volviendo al barco de pronto una masa sólida de aire me empuja, me desequilibra y casi me echa fuera del pantalán. Está entrando un auténtico huracán de viento. Veo perfectamente cómo el *Budapest*, a 20 metros de donde yo estoy, escora brutalmente y tira con fuerza de las amarras que lo mantienen sujeto de costado al muelle. Corro hasta él y, no sin dificultad por la altura a la que se encuentra la cubierta, subo a bordo y empiezo a poner más cabos para asegurar el barco. Tampoco es cuestión de que una vez en puerto el *Budapest* sufra un percance. El viento sigue soplando con mucha fuerza. Con violencia. Más que soplar, golpea. No parece tener muchos escrúpulos al hacerlo. Se mantiene en una intensidad considerable durante diez minutos y luego va disminuyendo hasta quedar estabilizado entre los 15 y los 20 nudos habituales en la zona.

A la mañana siguiente voy a la torre de control para notificar mi llegada, saludar a Guillermo y dar las gracias por toda su colaboración. Es entonces cuando veo el registrador de viento que tienen allí y compruebo cuál ha sido la intensidad del viento de la noche anterior. Allí aparece una ráfaga máxima de ¡66 nudos!, y el viento aún se mantuvo un buen rato por encima de los 40. Mientras miro con incredulidad, asombro y estupefacción aquella gráfica, pienso en quién debería ser el destinatario de mi agradecimiento. Menos de una hora antes de esa racha de 66 nudos, la lancha de remolque había recogido el cabo que le había lanzado. No tengo la menor duda de que si esa racha me alcanza llegando a puerto, el *Budapest* acaba sus días en la playa. O sobre las rocas del muelle.

Aún hoy, transcurridos ya más de dos años desde entonces, al pensar o imaginar aquella situación siento estremecimientos y un cosquilleo recorre mi espalda. Intento apartar de mí la hipótesis de esa tragedia por la ansiedad que me provoca. Ansiedad por lo que hubiese podido ser y, afortunadamente, no fue.

¿Por qué no llegué a Puerto Sherry una hora más tarde?

Yo sólo me atrevo a decir que tuve suerte. Mucha suerte...

Capítulo 18

ACEPTAR LA FATALIDAD
La reparación

Coge las dos piezas, las vuelve a encarar al palo y empieza a dar vueltas con el cabito de cuatro milímetros. Fuerte, fuerte, muy fuerte. Un poco más fuerte.

En menos de dos horas, la mayor vuelve a estar izada y el pinzote funciona perfectamente. No hay ninguna diferencia. La vela sube y baja sin problema, la botavara no se suelta y gira perfectamente. Albert ha hecho una obra de arte en un tiempo récord. Porque cuando se ha puesto a trabajar no podía ni imaginar que en menos de dos horas estaría navegando de nuevo como si nada hubiera ocurrido.

Está satisfecho con la reparación, pero poco animado. Ni siquiera escucha las clasificaciones por radio, porque tiene la impresión de que va entre los últimos.

La avería del timón y la de esta madrugada lo deben de haber echado para atrás. Sólo quiere llegar de una vez por todas y acabar esta travesía en la que todo le está saliendo al revés de lo que quería.

Para más inri, descubre una fuga de agua en el bidón de supervivencia. Es un bidón de 10 litros que siempre tiene que estar preparado para un posible abandono urgente del barco. Para evitar una posible penalización cuando le revisen el barco en la llegada –este bidón forma parte de las exigencias de seguridad impuestas por la organización– coge otro bidón de 10 litros y lo ata al lado del agujereado. Así podrán ver que la intención de guardar este bidón de supervivencia existe. Si de allí ha salido agua, no ha sido porque él haya querido. Y si no lo creen, que hagan lo que quieran. Él sólo quiere llegar.

En la madrugada del sábado 6 le alcanza el primer chubasco realmente violento de toda la travesía. Se nota que está llegando al Caribe, porque estos chubascos son más frecuentes en el lado oeste de los alisios que cerca de las costas africanas. Por suerte, lo ha superado sin problema. Ha tenido que hacer un giro de 360º, siguiendo la dirección del viento, pero no ha pasado nada. Cuando ha arreciado, iba con poca vela y no ha sufrido ningún percance. Agradece la ausencia de rayos. Incluso cae en la cuenta de que no ha vivido ninguna tormenta eléctrica desde que salió de Concarneau. Es algo raro y excepcional. Pero mejor así. No le gustan nada los rayos.

4 de octubre de 1987. A bordo del *Zeleste.*
Al suroeste de cabo San Vicente

Al amanecer tengo la luz del faro del cabo San Vicente a la vista. Mi idea era alejarme de la costa de Portugal para evitar el abundante tráfico marítimo que por ella circula. Pero el viento, que ha soplado del suroeste, no me ha dejado ninguna otra alternativa. Rumbo: sur, sorteando barcos mercantes y pesqueros y viendo en la noche el resplandor de Lisboa en el horizonte.

Ahora ya he dejado atrás la pequeña barbilla del rostro de la península Ibérica. Tarde más bien tranquila con viento de proa de unos 15 nudos de aparente. El sol juega entre nube y nube. Pero a medida que va avanzando la tarde, veo en el horizonte más y más cumulonimbos aislados con una gran actividad eléctrica en cada uno de ellos. No me gusta. Los rayos tan sólo me gusta verlos desde una ventana y bajo un techo consistente.

Intento seguir la trayectoria de las nubes con el fin de ir evitándolas, ya sea yendo de un bordo o de otro. Y así paso la tarde sorteando esas increíbles y gigantescas masas de agua y energía. Los rayos se ven de muy lejos. Incluso he podido ver un rayo saltar de un cúmulo a otro. ¡Increíble! Pero estoy sufriendo. Esto no me gusta. Caer en medio de uno de ellos tiene que ser espantoso...

El sol ya se ha ocultado y creía haberme librado de ellos cuando, con la luz del ocaso, puedo ver ante mí uno de esos gigantes con sus chispeantes brazos esperándome. Albert, éste no lo evitas. Tomo dos rizos en la mayor, quito el génova y pongo el foque. Rápidamente me visto con el traje de aguas, cierro la escotilla y los portillos y me instalo en la bañera.

Cada vez está más oscuro y los relámpagos son más visibles. Toda la tarde esquivándolos y ahora éste vas a pillarlo de lleno.

Cada vez más cerca. Oscuridad total. Los truenos se oyen con gran claridad. Calma el viento. Esto va a saltar. Prepárate.

Y salta. El viento entra de golpe y con él una intensísima lluvia. Qué tópico decir que llueve a cántaros. Pero por una vez cuán acertado. Qué espectáculo. Aquí estoy yo, de rodillas en la bañera, con una mano en la caña y la otra en las escotas del foque y de la mayor. El hecho de estar de rodillas no es por mi disposición a rezar, sino para evitar que con las continuas roladas la botavara me golpee en la cabeza. En un Mini de 6,50 metros ésta pasa muy abajo, cerca de la cubierta. Los cambios en el viento hacen que el foque vaya cambiando de banda. El viento ha disminuido mucho. No puedo apartar la vista del compás. Es la única forma de saber dónde voy. Aun así, en tres ocasiones, el barco hace un giro de 360 grados. La intensa lluvia que me golpea en la cara apenas me deja ver los números del compás. Cada vez estoy más metido en la nube. Puedo ver claramente cómo caen los rayos a mi alrededor. La luz es intensísima. Parecen disparos de flashes o un juego de luces estroboscópicas que me permiten ver, durante milésimas de segundo, las gotas de lluvia paradas en el espacio e iluminadas por dentro. El blanco de la vela casi ciega la vista. Y con la luz llega el ensordecedor ruido del trueno. Ahora comprendo lo de que el ruido son ondas que se desplazan en el espacio. Cada trueno lo siento como un impacto en mi cuerpo y en el barco y nos hace vibrar ligeramente. En una de éstas noto cómo la corriente eléctrica me pasa por la caña, que es de acero inoxidable. Suelto la mano de forma inmediata y decido llevarla con el codo. Sé que es una ingenua forma de engañarme el pensar que aquel traje de aguas empapado puede hacer las veces de aislante. Pero... ¿qué puedo hacer? Ante este espectáculo no puedo por menos que decirme en voz alta para que yo mismo lo oiga: Tranquilo, Albert, que si pasa algo será tan rápido, que ni tan siquiera vas a enterarte.

Poco a poco la cortina de agua se hace cada vez menos espesa. El tiempo entre los rayos y los truenos va aumentando. Señal inequívoca de que esto está pasando. Poco rato después aparecen ante mis ojos las primeras estrellas. ¡Qué paz! ¡Qué tranquilidad! Hay poco viento y yo además aún sigo con poco trapo. Y sigo así durante un buen rato. Hay que digerir todo cuanto acabo de vivir.

Es ahora cuando comprendo que esa ansiedad y ese nerviosismo que sentía dentro de mí durante toda la tarde, mientras intentaba esquivar las tormentas, puedo bautizarlo como quiera, pero en definitiva no era más que miedo. ¿Miedo a morir? ¿Miedo a que nadie sepa nada más de mí? ¿Miedo a estar solo? ¿Miedo al sufrimiento físico? ¿Miedo a no ser capaz de salir de ésta? En realidad no era miedo a nada en concreto, porque en nada pensaba. Era quizá miedo a algo que no podía controlar de ninguna de las formas. Era el miedo de mi infancia a ese recibidor oscuro que albergaba a los más siniestros personajes. Un miedo que jamás me atenazó ni me impidió actuar, sino que, todo al contrario, fue el motor de mi lucha. Ahora sé, no obstante, que el miedo estaba ahí cuando había en mí esa actitud tranquila y relajada para aceptar cualquier desenlace. El miedo estaba conmigo mientras mantenía la lucha por evitar aquello que desconocía. Ha sido cuando la lucha se ha mostrado como algo totalmente inútil que ese sentimiento me ha abandonado y en su lugar ha aparecido una gran tranquilidad y una indescriptible relajación. El miedo ha estado presente mientras había incertidumbre e indecisión. Cuando los acontecimientos no han dejado lugar para ello y tan sólo me quedaba aceptar lo que quisiera venir, el miedo ha dejado de existir pues ya no tenía razón de ser.

A menudo me pregunto por qué insisto en querer

navegar solo sabiendo que voy a sufrir, voy a pasarlo mal y, lo que aún es peor, voy a tener miedo.

Siempre me respondo que cuando se llega al máximo de la propias posibilidades y tan sólo puedes esperar que los acontecimientos decidan, en ese momento uno descubre lo que es aceptar cualquier desenlace, por fatal que sea, como lo más natural del mundo.

Espero algún día, aunque ello me dé miedo, volver a vivir la sensación del miedo y saber otra vez sacarle todo el provecho que él nos puede reportar. Porque, en definitiva, el miedo existe y lo importante es saber jugar con él. A veces pienso que el miedo es a nuestra mente lo que el dolor es a nuestro cuerpo. Y saber darle al dolor su justo valor es muy importante.

CAPÍTULO 19

UNA COSTA OSCURA
Se rompe un timón

El timón sigue sufriendo. Cada día está más deteriorado. Albert lo nota por los esfuerzos laterales que provoca y ya no sabe si aguantará mucho más.

A mediodía está a 431 millas de la llegada. Pese a todos los problemas, se está acercando y mantiene una media de 160-165 millas de aproximación diarias. Más vale que no se queje, porque es una cifra que está realmente bien en las condiciones en las que se encuentra. Claro que si no tuviera un timón lisiado, correría más. Seguramente a estas alturas sólo le quedarían unas 300 millas. Pero tiene que reconocer, aunque sea a regañadientes, que anda mucho más rápido de lo que suponía cuando descubrió la fisura.

Ahora mismo, por ejemplo, podría poner el *spinnaker.* Pero ha comprobado demasiadas veces que cuando se acerca a los 10 nudos, la doble bisagra del timón sobre la cubierta de popa –la que permite levantar el timón en caso de impacto como le pasó con el tronco– empieza a hacer ruidos extraños.

O sea que es mejor no forzar. No sea que se acabe rompiendo y tenga que seguir con un solo timón. No quiere ni pensar lo mal que debe de navegar este barco con un solo timón.

Ya de noche, a 400 millas de Albert, hay fiesta grande en Basse-Terre. Llueve intensamente en este pequeño puerto a sotavento de Guadalupe cuando Erwan Tabarly cruza la línea de llegada. Ha cubierto la travesía en quince días y seis horas, ¡a la increíble media de 7,52 nudos!

El viento ha amainado. Si antes el *Escuela Náutica de*

Catalunya no bajaba en ningún momento de 7 nudos, ahora navega a 6. Pero sigue haciendo medias superiores a las 150 millas diarias. A mediodía del lunes día 8 está a sólo 132 millas de la llegada. Pero las circunstancias han empeorado considerablemente.

Esta madrugada estaba navegando con *spinnaker* –podía llevarlo izado, porque había muy poquito viento– cuando ha notado que el viento subía un pelín. En un salto se ha plantado en la bañera para soltar la driza y arriar el *spinnaker*, pero ha llegado demasiado tarde. En el momento en que cogía la driza con la mano para abrir la mordaza ha oído un fuerte ruido. Ya está, se ha dicho, se murió el timón.

Ha arriado rápidamente el *spinnaker* y se ha ido a popa. Tal como suponía, el soporte de la doble bisagra ha fallecido definitivamente. Albert ha sacado el timón del agua; estaba muerto y ya no le podía servir para nada. Bastante que ha aguantado en los últimos días.

A pesar de todo, Albert está contento, porque el invento del timón que hizo con Bernat se ha mostrado eficaz. De no haberlo tenido, se hubiera quedado sin gobierno el mismo día que chocó con el tronco flotante. Y entonces sí que hubiera sido problemático no ya llegar antes del día 10, sino sencillamente acabar la regata. A pesar de la tuerca que él apretó en exceso, Albert está satisfecho.

Ahora le toca aguantar a él. El GPS le indica que está a 168 millas de la llegada. Cuando se está a punto de acabar una travesía oceánica, 168 millas parecen pocas, pero son muchas más de las que él quisiera. Nunca se lanzaría a hacer una travesía ni siquiera de 100 millas con un solo timón. Y aquí está él, teniendo que cubrir 168 millas, algo así como una Ruta de la Sal de Barcelona a Ibiza, con un barco difícil de controlar. Deberá meterlo en los canales entre las islas, acercarse a puerto, quizá con corrientes cruzadas. No quiere ni pensarlo.

El *Escuela Náutica de Catalunya* lleva –llevaba– dos timones, desplazados a cada una de las bandas e inclinados. Controlar el barco con uno solo no será fácil. ¡Mientras el que le queda esté siempre a sotavento!

El barco se resiste, va dando tumbos. El piloto automático no encuentra el punto de equilibrio, trabaja muchísimo, corrige constantemente el rumbo, pero se pasa por un lado o por el otro. Albert teme que el exceso de trabajo pueda acabar con el piloto automático. Sólo le faltaría esto. Coge la caña a menudo para dejar enfriar el piloto. Comparte el trabajo con su fiel compañero de tantas millas, que le ha permitido descansar durante esta travesía. Ahora intentará devolverle todos estos favores. Entre los dos quizá sí puedan aguantar hasta la llegada.

Está en su momento más bajo. Nunca ha estado tan desmoralizado. Se propone no escuchar las clasificaciones, pero al final le vence la curiosidad. Para su sorpresa, no va último. Es verdad que ya son doce los barcos que han cruzado la línea de llegada, pero lo mejor es que él va el décimo quinto de prototipos y aún tiene posibilidades de acabar entre los diez primeros de la general. Si lo consigue, cumpliría los cuatro objetivos que se marcó hace ya casi dos semanas: llegar, llegar el día 10 (para eso aún le quedan dos días y pico), no perder puestos (acabó el undécimo en la primera etapa) e intentar ganar alguno.

Así pues, no está tan mal. Problemas los deben de tener todos. Dicen que mal de muchos consuelo de tontos; algo tonto se debe de sentir, porque se consuela.

Incluso es posible acabar antes del mediodía del día 9.

Sabe que la isla ya está cerca. Nota las nubes y los chubascos propios de una isla oceánica alta. Se hace de noche. Navega en popa redonda y entra en el canal entre Guadalupe, Marie-Galante, Petite Terre y Les Saintes. Ve las luces de la costa, que conoce un poco, pues ya es la tercera vez que navega por estas aguas.

Mientras se mantenga este viento, no debería tener más problemas. Ve otro velero pequeñito que navega cerca. No sabe quién es, pero supone que también es de la regata.

Entre Guadalupe y Les Saintes le cae un chubasco encima. Cerca, muy cerca de aquí, estuvo a punto de perder su primer barco, el *Zeleste*.

21 de noviembre de 1987. A bordo del *Zeleste*

Decido con mi mujer que iremos navegando hasta Guadalupe. No hay muchas millas y Luc Coquellin nos ha dicho que allí no hay huelga de portuarios. Además, iremos con él parándonos en Dominica y Les Saintes.

¡Qué bien! Un pequeño crucero con un excelente guía y conocedor de la zona como Luc. Él vive en Guadalupe y, tras haber hecho la Mini-Transat hasta Martinica, debe regresar con su barco hasta su casa. Finalmente partimos tres barcos: Luc con un amigo, Philipe Vicariot y su mujer, y Ernes y yo con nuestro *Zeleste*. Apenas hace una semana que ha concluido mi primera Mini-Transat cuando emprendemos ruta hacia el norte.

La segunda noche decidimos pasarla en Les Saintes. Los tres barcos fondeamos muy cerca unos de otros y bajamos a dar una vuelta a tierra. Ya de noche regresamos a bordo. Pointe-à-Pitre no está lejos y mañana por la mañana llegaremos tranquilamente. Nada hace suponer que la placidez de nuestro viaje tenga que verse súbitamente truncada...

De pronto me despierto. Fuera el viento arrecia. Abro el tambucho y veo que llueve con fuerza. La noche es negra y hay poca visibilidad. Salgo con ánimo de comprobar el fondeo y veo que los otros dos barcos han desaparecido. ¿Dónde están? ¿Se han ido y no me han dicho nada? No puede ser. Luc es un buen amigo, esto no me lo haría. Igual el viento los ha hecho derivar.

Busco en la negrura de la noche las referencias del fondeo que tengo y de pronto me doy cuenta que es el *Zeleste* el que está derivando. Miro a popa y a no más de 50 metros veo unos negros acantilados esperándonos con los brazos abiertos. La situación no es nada agradable. He cruzado el Atlántico en solitario con este 6,50 y ¿voy ahora a perderlo tontamente aquí? ¡Qué absurdo! ¡Qué estupidez! No puede ser. La cortina de agua que cae del cielo golpea en la cara empujada por el fuerte viento que sopla. ¡Rápido! ¡Rápido! ¡Rápido!

Abro el tambucho, llamo a Ernes, saco el foque del interior y lo instalo en un tiempo récord. En cuanto tenemos maniobrabilidad para mantenernos alejados de aquellas rocas, empiezo a preparar la mayor mientras Ernes lleva la caña. Hemos salvado la situación por los pelos. Realmente por los pelos. Cuando he cazado la escota del foque no quedaban más de 10 metros hasta las rocas...

Un chubasco de los habituales en la zona, de corta duración pero de fuerte intensidad, ha soltado el fondeo. No es de extrañar. El ancla que llevo nunca me ha inspirado ninguna confianza. Sus dimensiones y su peso son los mínimos indispensables para pasar la inspección de seguridad del barco. Qué incongruencia pasar la inspección de seguridad con algo que no es suficientemente seguro.

Vamos ganándole metros al viento, que no tarda en disminuir su intensidad. Ya vemos a nuestros dos compañeros de travesía. Nos mantenemos navegando hasta que un par de horas más tarde el cielo empieza a clarear. El chubasco ha pasado. Nos acercamos a ellos, atamos un cabo al balcón de popa de Luc y dejamos que el *Zeleste* se separe unos metros por popa. Ya sólo queda esperar. Ernes y yo nos quedamos en cubierta charlando y comentando el mal trago que hemos vivido. A media milla vemos el acantilado sobre el cual hubiésemos acabado traumáticamente nuestro crucero de no haber tenido uno de mis providenciales despertares. Empapados por completo medio reímos sobre las "maravillas" de nuestro crucero por el Caribe: Lluvias, chubascos y dormir en el suelo de un pequeño barco de 6,5 metros. ¿Qué más podemos pedir?

CAPÍTULO 20

SUEÑOS LEJANOS
La llegada

Es de noche. Lluvia, viento que sube, viento variable, viento que baja, un poco de caos, otro giro de 360º. Albert ve que el otro velero lo adelanta en medio del chubasco. Otra vez se estabiliza el viento y el *Escuela Náutica de Catalunya* prosigue su trayecto hacia la punta sur de Guadalupe.

Es ya de madrugada cuando dobla la Pointe du Vieux Fort. Lo hace bajo un chubasco infernal de lluvia, con el sol a punto de salir y con un barco mercante que se le está echando encima. Lo avisa por radio de que él tiene escasa maniobrabilidad porque apenas tiene velocidad y le hace luces con su foco halógeno para que lo localice exactamente.

Ve cómo el mercante rectifica su rumbo y se aparta. Poco después oye por radio cómo se queja al práctico de la zona de que un velero sin luces esté navegando de noche por allí. El *Escuela Náutica de Catalunya* no lleva luces de posición desde que fundió la bombilla en la perilla del palo al inicio de la etapa, al lado de las Canarias.

Por primera vez se ve acabando la regata. Con muchas nubes y mucha lluvia, pero acabando. Tras pasar el cabo, le queda un descuartelar directo a la línea de llegada. Allí encima tiene La Soufrière, un volcán de 1.484 metros que sube en vertical casi desde la misma línea de la costa. Y eso se nota, como en Lanzarote. Cerca de la playa el viento es muy variable y racheado. Pero no quiere apartarse mar adentro. Sabe que la línea de llegada está entre la costa y una pequeña baliza amarilla, que será muy difícil de ver. Si se pega a la playa, seguro que cruza la línea. Dadas las condiciones en las que navega, avanza bastante rápido, siempre pegadito a tierra. A ratos con ráfagas de viento, a ratos con encalmadas, pero sigue adelante. Cuanto más se pegue a la costa, más asegura el tiro. No es cuestión ahora de pasarse de largo la línea por la parte de fuera y tener que ponerse a maniobrar, con un solo timón, para cruzarla como es debido.

Y así llega, a las seis y media de la mañana del 9 de noviembre, bajo una lluvia infernal. Una barca de la Sociedad de Salvamento SNSM se le acerca. Ni siquiera se ha dado cuenta de cuándo ha cruzado la línea de llegada, porque no ha visto la pequeña baliza. Es Loïc Ponseau quien le dice por radio que ya ha terminado.

Arría velas y lo remolcan a puerto. Siempre bajo la lluvia torrencial típica de los trópicos. Ha terminado y ha terminado antes del día 10, en condiciones más difíciles de las que podía prever cuando se desesperaba al otro lado del charco, casi al lado de las Canarias, porque no tenía viento y no avanzaba. Ha sido más duro de lo que se pensaba, pero por unos factores distintos.

En el muelle ve a Luc Coquelin, Chantal, Natalie Fornès. Le hace mucha ilusión ver a toda la gente y pronto se mezcla con ellos. Intercambian experiencias, comentan la travesía. Pero hay una cosa que le preocupa. ¿Y Sébastien Josse? Hace varias semanas que piensa en él. Durante dos días incluso soñó con él. Fue inmediatamente después de que oyera por radio que un barco lo estaba buscando. Supone que cayó por la borda. Incluso en sueños vio la imagen de Sébastien en el agua mirando cómo su barco, el *Créaline*, se le iba.

Tal fue su obsesión que, si normalmente él ya se ataba cuando maniobraba en cubierta, a partir de entonces lo hizo hasta extremos increíbles. Nunca se había atado tanto en un barco como en esta travesía. Desde entonces hasta que llegó, siempre pensó que Sébastien se había caído por la borda y se había perdido.

No era la primera vez que sus sueños eran premonitorios. Recuerda muy bien lo que sucedió en una travesía con Catherine Chabaud.

Finales de diciembre de 1994.
A bordo del *Bagages Superior.* Atlántico Norte

El temporal parece agudizarse. Los 35 nudos están establecidos pero esto no lleva visos de querer disminuir. Más bien al contrario. Las rachas de cuarenta nudos van siendo cada vez más frecuentes. El mar que nos rodea en esos últimos días del año parece un mar austral. Catherine Chabaud y yo hablamos de nuestros proyectos. De nuestros sueños. Ya nos sentimos navegando en solitario por allí, por los cuarenta rugientes, en un 60 pies. Como el *Bagages Superior*, con el que ahora nos encontramos en pleno Atlántico Norte camino de Lorient. Intento explicarle a Catherine los recuerdos que guardo de mi navegación por aquellas latitudes de los mares del sur cuando hice la Whitbread a bordo del *Fortuna Lights*.

La luz centelleante del Standard C nos advierte que está llegando un mensaje. Esperamos información del meteorólogo Pierre Lasnier acerca de la borrasca que nos está afectando. Su mensaje es inusualmente corto. Su última frase es esclarecedora de su parquedad: "Esta noche Isa ha disparado su baliza de emergencia". ¡No puede ser! Otra vez el Índico Sur se le resiste a Isabelle Autissier. En esos días Isabelle se encontraba navegando de Ciudad del Cabo, en Suráfrica, hasta Sydney, en Australia, efectuando la segunda etapa de la BOC Challenge. Algo grave le ocurre a Isabelle. Tanto Catherine como yo la conocemos bien. Nos quedamos ambos cabizbajos.

En mi cabeza está hirviendo algo que me está desconcertando por completo. Algo que me resulta poco creíble y poco real. No puedo contenerme de contarle a Catherine el sueño que he tenido esa noche. Un sueño excepcionalmente real y de los que dejan las imágenes perfectamente grabadas en nuestra cabeza. Igual que quedan impresionadas las imágenes en un film de fotografía, así ha quedado ese sueño en mi mente.

En el sueño yo me encontraba circulando en coche por la carretera N-152 camino del Pirineo. Era una carretera que yo conocía muy bien por hacerla con cierta frecuencia. Al llegar a la zona de Orís, tras una de las numerosas curvas que había en ese trecho, vi un coche detenido en la cuneta. Y allí estaba ella. Isabelle Autissier había bajado de su vehículo y, con el brazo levantado, me hacía gestos de que necesitaba ayuda. Me detuve y... mi sueño se acabó. ¡No podía creerlo! ¡Era increíble! Mientras yo, en mitad del Atlántico Norte, tenía este sueño, a miles de kilómetros de allí, en el océano Índico Sur, Isabelle disparaba su baliza de emergencia pidiendo auxilio.

¿Coincidencia? ¿Telepatía? ¿Casualidad? Soy bastante escéptico respecto a todo aquello que no puedo entender, demostrar y justificar de una manera racional, pero ciertamente lo que me ha ocurrido escapa a mi total entendimiento. No le busco más explicación que la de un fenómeno excepcional, extraño y, para mí, inolvidable.

No puedo, como en mi sueño, ayudar a Isabelle, pero los siguientes días a bordo del *Bagages Superior* estamos muy pendientes de todas las informaciones que nos llegan de la difícil situación que está viviendo nuestra común amiga. Finalmente, Isabelle puede ser rescatada en condiciones extremas.

Curiosamente, dos años más tarde de nuestra travesía, Catherine se convertiría en la primera mujer en dar la vuelta al mundo en solitario sin escalas. Se convertiría en la primera mujer en acabar la Vendée Globe. ¡Qué salto más espectacular y qué sorprendente progresión había de dar su carrera como navegante!

CAPÍTULO 21

EL REENCUENTRO
Sorpresas al llegar

Ahora, en Basse-Terre, Albert ve a todo el mundo contento, feliz, alegre. Él se esperaba caras largas, tristes por la desaparición de un compañero, y no se atreve a preguntar. La angustia lo persigue y se ha agudizado desde que ha entrado en puerto y teme la confirmación. Mira bien los pantalanes y no ve al *Créaline* por ninguna parte. Cabe la posibilidad de que este barco hubiera perdido la baliza Argos y Sébastien no se hubiera dado cuenta. Pero no cree que esto fuera posible, porque no ha oído su nombre en ninguna clasificación.

Al final se lanza. No aguanta más. ¿Qué noticias hay del *Créaline*? Bien, bien, le contestan. Y siguen riendo. ¿Y Sébastien? Insiste. Ya está aquí. Ya ha llegado. Perdió la quilla y fue recuperado por el *Marion*. Tuvo que abandonar el barco e hizo la travesía en el *Marion*. Albert no había oído esta segunda parte y se mantuvo en vilo casi toda la travesía. Afortunadamente, esta vez su sueño falló.

Al haber llegado antes del 10, Albert tendrá que esperar a Ernes, que todavía está en Barcelona. Esta vez no tiene ninguna posibilidad de ir a despertarla a su hotel.

15 de noviembre de 1987. A bordo del *Zeleste*. Llegando a Martinica

Cuando me acerco a tierra después de una larga travesía siento que me pongo en guardia. Los riesgos aumentan. Mis reflejos pueden no estar al nivel adecuado. Cansancio, falta de sueño, rutina... No me puedo distraer. No quiero estar cerca de tierra. Me da miedo. Pero quiero llegar. Y ¿cómo hacerlo si no me acerco a tierra? Es una verborrea mental llena de contradicciones. Quiero y no quiero. De todas formas prevalece la fuerza y la intensidad de una llegada por encima de cualquier otro sentimiento.

El reglamento dice bien claro que hay que llamar por el VHF al pasar por la isla de Cabrits, al sur de la Martinica. Está oscureciendo. Hago un intento y nadie me responde. No lo vuelvo a intentar. Mis baterías están a 11,6 V. Aún no entiendo como puede estar funcionando el piloto automático. No quiero correr riesgos a tan pocas millas de la llegada. Cuando esté a una o dos millas volveré a llamar al Comité de Regatas.

Voy avanzando lentamente y pasada la medianoche entro en la bahía de Fort-de-France. Entre la infinidad de luces que hay frente a mí tengo que encontrar la línea de llegada. No va a ser fácil. Pienso en una joven Lauren Bacall cuando, en un hotel de esta población, le dijo a Bogart aquello de "si me necesitas, silba...". Junto los labios y dejo escapar un imperceptible silbido de mi boca. ¡Poca fe y poca convicción! Sobre una mar completamente llana voy adentrándome poco a poco hacia el núcleo importante de luces. De pronto una lancha neumática se me acerca.

–¡Eh! ¡Albert!

Se ponen a mi lado. Es Jean-Luc Garnier, el director de la regata, quien, sin tener la belleza de Bacall, es muy bien recibido por mi parte. No oso preguntarle si ha oído mi silbido... Alargando el brazo me indica dónde está la línea de llegada. Un detalle por su parte. Suave. Despacio. Silencioso. ¡Por fin! He cruzado la línea de llegada de mi primera travesía en solitario al Atlántico. He acabado mi primera Mini-Transat. Jean-Luc se acerca felicitándome efusivamente. Desde la lancha neumática tira de la mano que le tiendo y me abraza dándome un beso en cada mejilla. Dentro de mí le agradezco su espontaneidad, aunque él se extraña de mi aparente indiferencia ante lo que estoy viviendo. Es cierto. No salto de alegría sobre cubierta, ni levanto los brazos agitándolos efusivamente y mucho menos grito escandalosamente. Tampoco necesito echarme el *champagne* por encima. Quizá soy un poco soso y algo aburrido. En casi todas mis llegadas, sobre todo en solitario, siento la necesidad de recogerme y de vivir esos instantes en una especie de liturgia íntima y personal que puede llevar a creer que carezco de sentimientos y de emociones. Nada más lejos de la realidad. Ocurre que no me gustan ni el espectáculo ni el *show*. Dentro de mí no puedo dejar de pensar y sentir que la alegría de mi llegada a tierra contrasta con la tristeza de ver que algo maravilloso se está acabando. Algo parecido me ocurre cuando al final de un espectáculo me resulta difícil aplaudir aun cuando sé que los actores se sienten reconfortados oyendo al público golpear estruendosamente sus manos. Con mi silencio quiero hacerles llegar el recogimiento y la intimidad de mi admiración.

Al llegar a tierra tengo la necesidad de aislar mi sentimiento de todo cuanto me rodea haciéndolo muy mío y sintiéndolo de una forma íntima y personal. Es un instante breve pero sublime y emocionante por cuanto en él se juntan sentimientos y emociones contradictorias. En ese choque de sensaciones, en esa dualidad de emociones, en ese contraste de gustos hay algo estremecedor y único. Quizá sea una actitud egoísta no querer compartir con los demás ese instante de alegría. No me importa. Es uno de los grandes placeres que encuentro en mi trabajo.

Arrío las velas y me remolcan hasta el pantalán. Espero encontrar a Ernes, abrazarla y compartir con ella ese instante. Con ella, sí. Salto a tierra y voy saludando a todo el mundo. Han llegado pocos barcos y la mayoría lo han hecho esa misma noche. Casi todos están allí festejando el fin de la travesía. Allí están Yves Dupasquier, Franck de Rivoyre, Isabelle Autissier, Olivier Hiver. Magníficos navegantes.

Son las dos de la madrugada. La busco con la mirada por todas partes. No está allí. Pregunto a Florence Ducrotoy, la secretaria de la regata. Me dice que al no haber llamado yo por VHF, no tenían constancia de mi llegada hasta que he entrado en la bahía. No me esperaban hasta las 10-11 de la mañana. Por eso ella se ha ido al hotel.

Pues me voy al hotel a darle la sorpresa. Imposible. El hotel está al otro lado de la bahía y el primer ferry para cruzarla no sale hasta las seis de la mañana. Faltan aún cuatro horas. No desespero. Arrancho, pongo algo de orden en el barco y me siento en una mesa del club donde comentamos, con los allí presentes que aún se tienen en pie a pesar de los muchos Te-Punch tomados, las incidencias de la travesía.

Poco antes de las seis ya estoy en el embarcadero.

Llamo a la puerta, se abre y allí está ella, con los ojos medio cerrados frotándoselos con la mano. "Pero ¿qué haces aquí? ¿No tenías que llegar más tarde?" Nos fundimos en un largo abrazo. "¿Qué te parece si bajamos al comedor a desayunar?" Al pasar por la entrada del hotel no he podido dejar de contemplar extasiado el largo *buffet* de variados productos dispuestos para el desayuno...

Ese día me di cuenta de que mi vida no era ni cumplía con los requisitos de un guión de película americana. En ellos todo sale bien. A mí no diré que las cosas me salgan mal, pero creo poder afirmar que en la vida de los seres simples y mortales, que somos la mayoría, las cosas nunca nos salen exactamente como las hemos planificado o deseado. Siempre el azar introduce pequeñas variables que lo enriquecen de emoción y a veces incluso de cierta intriga.

Pero la vida sigue para todos y aún hoy reímos cuando recordamos mi llegada a Martinica y su bienvenida... desde el hotel.

A Albert le quedan muchas horas muertas. Arregla el barco, habla con los compañeros y mira mucho los otros barcos. Es uno de los deportes favoritos de los navegantes; se pasan el tiempo mirando barcos en los puertos, como si no estuvieran ya saturados.

Lo que ve le sorprende. La mayoría de los barcos que le han precedido están en condiciones lamentables. El *Escuela Náutica de Catalunya* destaca sobre casi todos los demás. Se ve robusto y, aparte del timón roto, no ha sufrido ningún otro desperfecto.

Los otros, en cambio, no parecen tan fuertes. De los siete primeros clasificados, cuatro tienen el palo roto: los tres primeros de la general y Lionel Lemonchois, que lo rompió casi al principio de la travesía, después de volar 250 millas en veinticuatro horas. El mismo Lionel le confiesa que iba bastante pasado de trapo. Llevaba el *spinnaker* grande, cargó el chubasco y, claro, la parte superior del palo no aguantó.

Lo mismo les sucedió a Sébastien Magnen, a Pierre-Yves Moreau y a Chris Sayer, el neozelandés. Y Erwan Tabarly confiesa que si él no rompió el palo fue porque volcó cuando le cargó una racha especialmente fuerte y tuvo el mástil en el agua durante una hora.

A todos nos pueden pasar estas cosas. A todos nos puede coger un chubasco con demasiado trapo izado, y a todos se nos puede romper un palo, o lo que sea. Pero Albert prefiere plantearse las regatas oceánicas como siempre lo ha hecho, navegando sin forzar la máquina tanto como hacen otros, manteniendo los márgenes de seguridad que considera necesarios, cumpliendo unas normas básicas que a su juicio exigen respeto a los elementos y sabiendo levantar el pie del acelerador en el momento adecuado.

Pronto regresa a casa, donde comprueba que efectivamente ha cubierto sus objetivos. Zarpó para navegar, para sacar adelante un proyecto, para animar al sector náutico, aportarle nuevos aires y para que se hablara de él y posibilitarle así seguir pensando en su proyecto de la vuelta al mundo.

Se queda sorprendido de la repercusión que ha tenido su regata. Cuantos lo han apoyado se alegran de su éxito y lo felicitan. Pasear por el Salón Náutico es casi una carrera de obstáculos: lo paran por todas partes y consigue el récord de asistencia en un acto del certamen. La sala que le han preparado se queda pequeña para acoger a los varios centenares de personas que quieren escuchar su aventura.

¿Será posible que por fin la navegación oceánica arranque en España? Ve muchas caras jóvenes absortas en sus explicaciones. Quiere pensar que algunas de ellas podrían estar en la salida de la Mini-Transat del 2001. Por él no quedará. Aunque él ya piensa en su siguiente reto. La Vendée Globe del 2000 le espera. Pero éste es ya otro sueño.

APÉNDICE I

EL *ESCUELA NÁUTICA DE CATALUNYA*

El *Escuela Náutica de Catalunya* es un prototipo diseñado por el grupo Finot-Conq de acuerdo con las reglas de la clase Mini y construido en sandwich de PVC con carbono, vidrio y epoxi. Tiene una eslora de 6,50 metros, una manga máxima de 3 metros y un calado de 2 metros. Lleva un mástil de aluminio de 12 metros de altura y puede desplegar 45 metros cuadrados de vela en ceñida y 110 en vientos portantes.

La quilla es un perfil de carbono que aguanta un bulbo de 300 kilos de plomo. El peso total del barco es de 900 kilos. Además, dispone de dos depósitos de 200 litros, uno en cada banda, para usar como lastre móvil suplementario. No lleva ningún tipo de motor.

La electricidad de a bordo proviene de tres baterías de 12 voltios, que se recargan mediante dos paneles solares orientables desplegados en la popa.

El barco ha sido construido en los locales del Consorci El Far en el Port Vell de Barcelona. Incorpora tecnología punta, especialmente en la quilla, timones, orza antideriva, botalón, separadores del *spinnaker* y caña, fabricados en carbono por Sams-C3 de Badalona.

Eslora máxima	6,50 m
Manga máxima	3 m
Calado	2 m
Peso	900 kg
Palo	12 m de aluminio
Superficie vélica	45 m² en ceñida y 110 m² en popa
Casco	Sandwich de PVC con carbono, vidrio y epoxi
Quilla	300 kg de plomo con perfil de carbono
Diseño	Groupe Finot-Conq

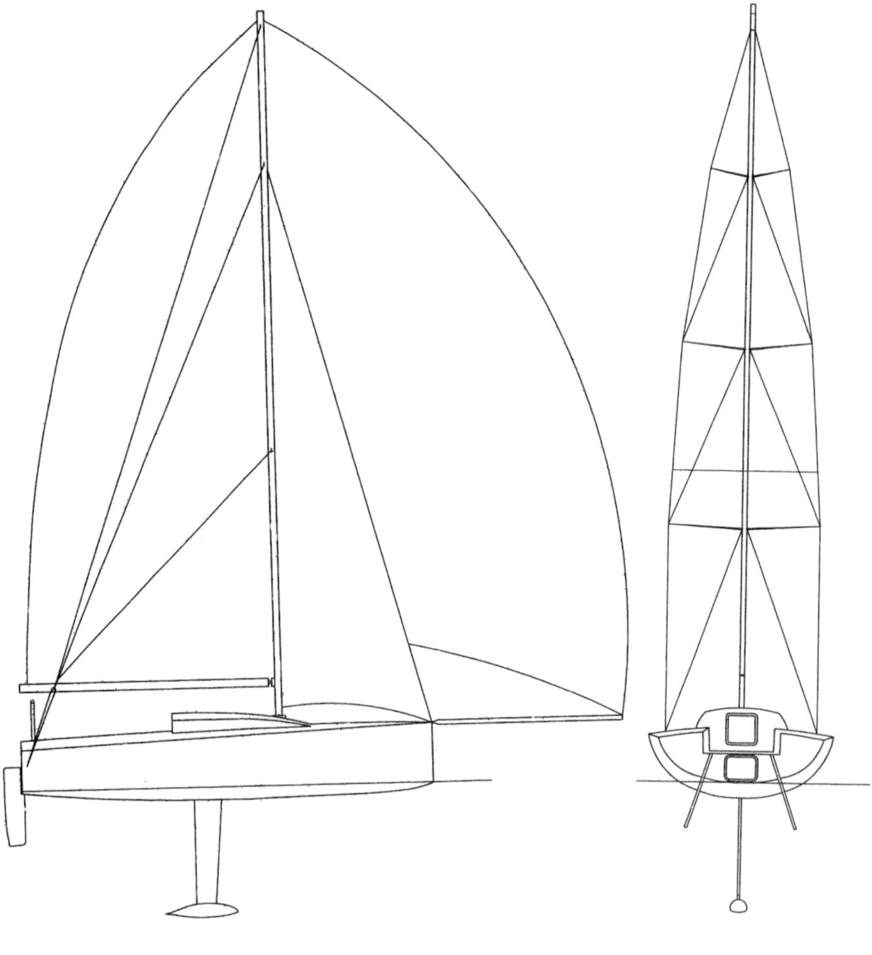

Apéndice II

LOS BARCOS MINIS O 6,50

El *Escuela Náutica de Catalunya* es un diseño de la clase Mini. Se trata de una clase open, es decir, una clase que permite un diseño libre, limitado únicamente por unas pocas restricciones. Las medidas máximas son claras: 6,50 metros de eslora, 3 de manga, 2 de calado y 12 de calado aéreo, es decir, la altura máxima de la perilla del palo sobre la línea de flotación. La clase impone también unas estrictas normas de seguridad, pero deja a los arquitectos las decisiones sobre la forma de los cascos, la superficie vélica, etc.

Esta libertad ha permitido que los minis hayan sido un excelente laboratorio de experimentación de las últimas novedades tecnológicas y de diseño antes de incorporarlas a barcos más grandes, tanto prototipos de regata como barcos de serie de crucero.

Los minis han sido los primeros diseños oceánicos con dos palas de timón, que facilitan notablemente el gobierno del barco con fuertes ángulos de escora y en las grandes planeadas. Ha sido también en esta clase donde aparecieron los primeros cascos con la eslora en flotación igual a la eslora total, así como las primeras quillas con bulbo, las primeras quillas pendulares, la presencia de una orza abatible a proa de la quilla, el uso de paneles solares y últimamente los alerones de proa.

En la actualidad, los minis son pequeños veleros con un potencial de velocidad extraordinario y con unos niveles de seguridad y fiabilidad muy altos.

La vida a bordo de uno de estos veleros es, sin embargo, muy dura. Concebidos para la navegación en solitario o a dos, el interior de uno de estos barcos no supera los cinco metros cúbicos de volumen. De ellos, sólo una tercera parte está disponible para el navegante. El resto lo ocupan los tanques de contrapeso (200 litros), la estiba de alimentos y agua, la espuma para la insumergibilidad y las velas. El espacio que queda debe ser aprovechado para cocinar, dormir y hacer los cálculos de navegación. No es posible ponerse en pie y es prácticamente imposible permanecer seco, porque la cubierta se halla entre 50 y 90 centímetros encima del agua, por lo que es barrida constantemente por las olas. En condiciones duras, los trajes de agua no mantienen el interior seco y una vez la humedad entra, ya no sale.

En el interior de la cabina no hay ningún tipo de mobiliario. Los navegantes duermen sobre las velas, a menudo mojadas.

El reglamento exige a los participantes zarpar con una cantidad mínima de agua potable (60 litros en la primera etapa, y 110 en la segunda). La mayor parte de los regatistas optan por embarcar comida liofilizada, porque supone un considerable ahorro de peso. La dieta suele complementarse con fruta los primeros días, latas de conserva, frutos secos y otros alimentos con gran reserva calorífica y, en el caso de Albert, con embutidos envasados al vacío para cubrir sus necesidades proteicas.

La seguridad ha sido siempre uno de los pilares del reglamento de la clase mini y especialmente de la Mini-Transat. En las 12 ediciones de esta regata, han desaparecido cinco navegantes (tres de ellos, presumiblemente caídos al mar).

Además de las exigencias habituales –como una baliza de emergencia de 406 MHz, la ubicación de una balsa salvavidas cerca de la popa, la existencia de un tambucho en el espejo de popa para garantizar la salida del tripulante al exterior en caso de vuelco, etc–, el reglamento de la clase hace especial hincapié en los temas de flotabilidad y estabilidad.

Así, estos barcos deben tener mamparos estancos y deben poder superar dos pruebas básicas para garantizar su capacidad de autoadrizamiento:

A. Respuesta a pequeños ángulos de escora. Consiste en inclinar la orza pivotante al máximo y llenar un tanque lateral, todo ello con el barco vacío (sólo puede dejarse en su interior las baterías y la balsa salvavidas). En esta situación, el ángulo de escora no puede superar los 10º.

B. Respuesta a grandes ángulos de escora. Se realiza con el barco en la misma configuración (orza inclinada o un tanque lateral lleno, o las dos), los tambuchos abiertos y colocando un peso de 45 kilos en la marca de la vela mayor en la parte superior del mástil. Se inclina el barco artificialmente hasta que la perilla del palo toca el agua. En estas circunstancias, el barco no debe presentar vías de agua y debe adrizarse por sí solo.

APÉNDICE III

LA MINI-TRANSAT

La Mini-Transat es una regata oceánica en solitario, reservada a barcos de la clase Mini. El trayecto varía ligeramente de una edición a otra, pero siempre consiste en la travesía del Atlántico en dos etapas. La primera une un puerto de la Bretaña francesa con Canarias o Madeira. La segunda va desde uno de estos archipiélagos hasta una isla del Caribe.

Las dos etapas plantean problemas muy distintos. La primera supone la travesía del golfo de Vizcaya durante el inicio del otoño, época en la que los temporales nacidos de las borrascas provenientes del Atlántico son relativamente frecuentes y pueden ser duros.

Superado el cabo Finisterre, se suele atravesar una zona de vientos variables hasta que normalmente se alcanzan los alisios del norte a lo largo de la costa de Portugal, que después se convierten en vientos del nordeste camino de Canarias.

Pese a estas previsiones, las 1.400 millas del trayecto entre la Bretaña y las Islas Afortunadas suelen ir acompañadas de condiciones meteorológicas muy variadas, entre las que no suele faltar el frío.

El intenso tráfico marítimo en esta zona supone un peligro añadido para los participantes y dificulta mucho el descanso de los patrones.

La segunda etapa consiste en la travesía del Atlántico propiamente dicha, unas 2.800 millas. Normalmente los navegantes cruzan el océano por la ruta de los vientos alisios, un camino más largo pero que suele resultar favorecido por la presencia de vientos portantes bastante regulares. Sin embargo, en algunas ocasiones es más rápido cruzar el océano por la ruta directa. Que la más favorecida sea una u otra opción depende de la situación exacta del anticiclón de las Azores y de las borrascas que circulan a su alrededor.

Ideada por un británico en 1977 como respuesta al gigantismo en que había caído la Ostar –la primera regata en solitario a través del Atlántico–, pronto se convirtió en una prueba eminentemente francesa. Su filosofía es muy simple: pretende facilitar a los navegantes en solitario una forma de iniciarse en las travesías oceánicas a un bajo coste. Además, para impedir la escalada de los presupuestos, limita extraordinariamente el equipo que puede llevarse a bordo y prohíbe terminantemente cualquier ayuda externa.

Estas características le han permitido ser la cuna de grandes navegantes, especialmente solitarios. De hecho, es la gran escuela de los solitarios, como lo prueba que marinos como Daniel Gillard, Jean-Luc van Den Heede, Bruno y Loïck Peyron, Lionel Péan, Didier Mundutéguy, Laurent Bourgnon, Isabelle Autissier, Patrice Carpentier, Thierry Dubois, Michel Desjoyeaux y Catherine Chabaud han pasado por las estrecheces de los minis y de la Mini-Transat antes de catapultarse a la fama oceánica.

La edición de la Mini-Transat de 1999 pasará a la historia como una de las ediciones más duras de todos los tiempos. Apenas la mitad de los participantes –treinta y ocho de un total de setenta– lograron completar la travesía desde Concarneau hasta Basse-Terre, en Guadalupe, vía Puerto Calero, en Lanzarote.

Si no ha habido que lamentar ninguna víctima –lo que sí sucedió en 1993– ha sido seguramente gracias a los modernos medios de salvamento. Pese a la limitación extraordinaria de sistemas de navegación y comunicación impuestos a los participantes, éstos están obligados a llevar un equipo de salvamento muy completo. Las balizas actuales permiten identificar automáticamente quién lanza el Mayday y situar la posición del barco en apuros. Gracias a este sistema, se han salvado varias vidas.

Pese al sentimiento universal de que hay que hacer todo lo posible por salvar a cualquier náufrago, la organización se plan-

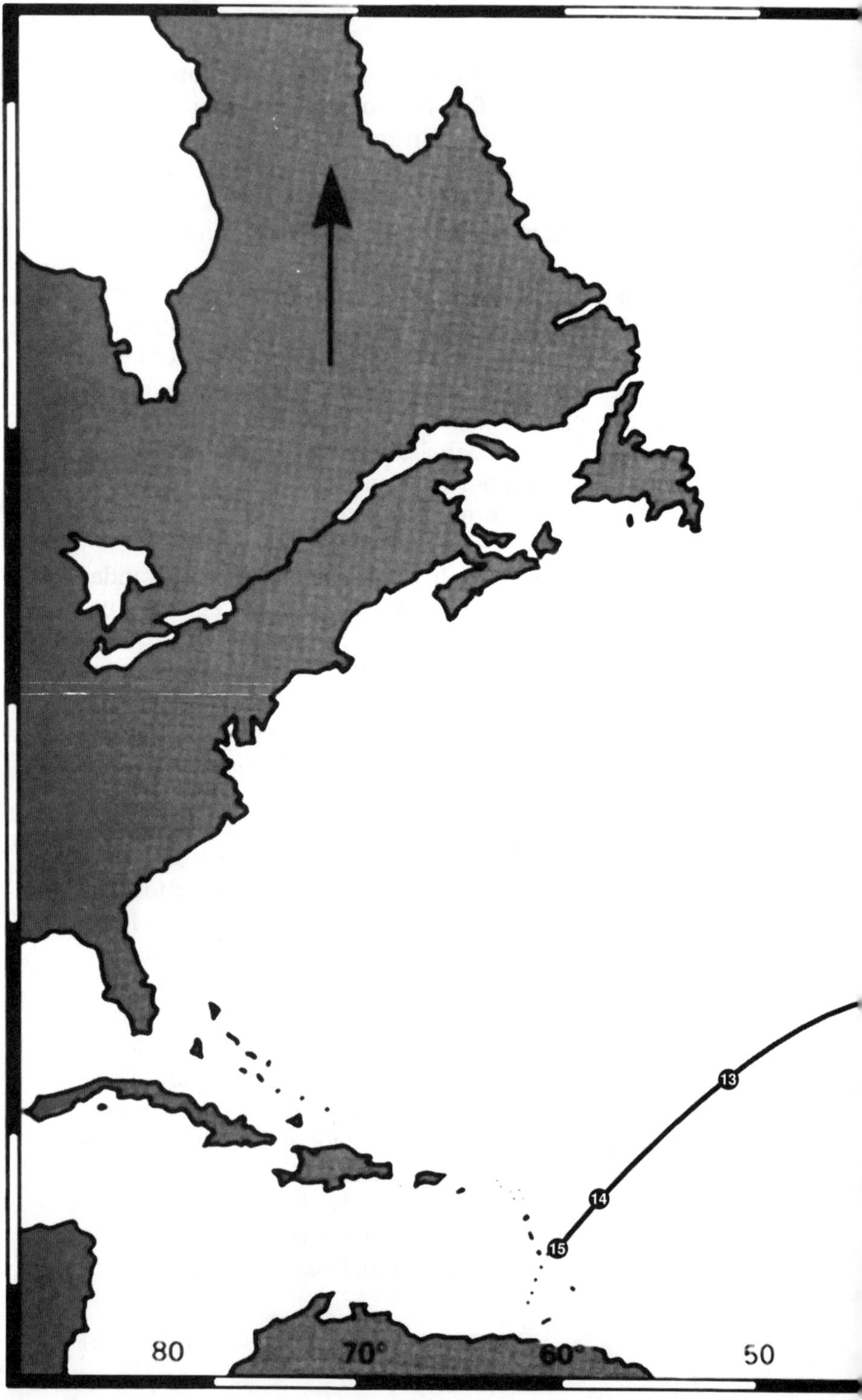

13
14
15
80
70°
60°
50

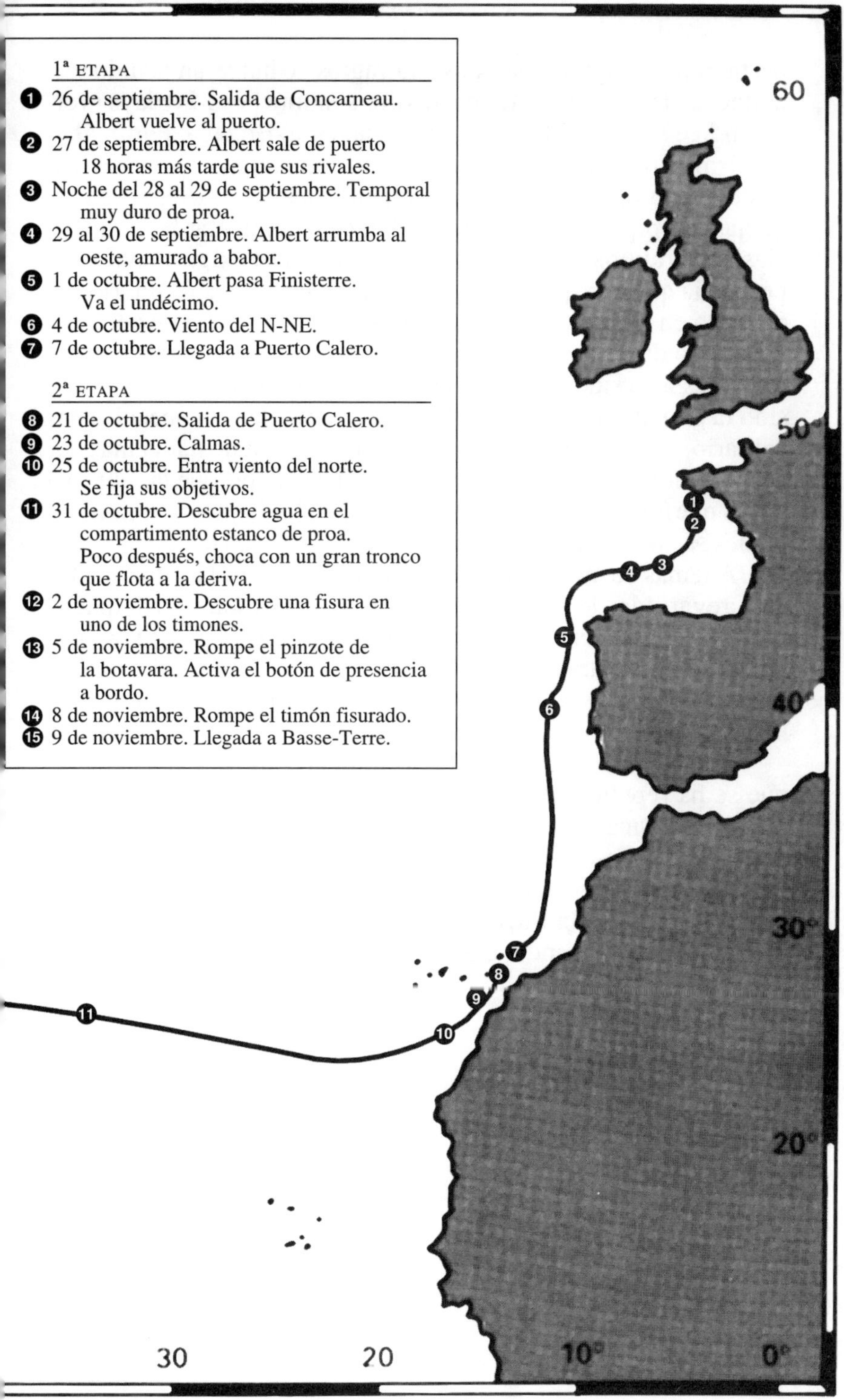
1ª ETAPA
❶ 26 de septiembre. Salida de Concarneau. Albert vuelve al puerto.
❷ 27 de septiembre. Albert sale de puerto 18 horas más tarde que sus rivales.
❸ Noche del 28 al 29 de septiembre. Temporal muy duro de proa.
❹ 29 al 30 de septiembre. Albert arrumba al oeste, amurado a babor.
❺ 1 de octubre. Albert pasa Finisterre. Va el undécimo.
❻ 4 de octubre. Viento del N-NE.
❼ 7 de octubre. Llegada a Puerto Calero.
2ª ETAPA
❽ 21 de octubre. Salida de Puerto Calero.
❾ 23 de octubre. Calmas.
❿ 25 de octubre. Entra viento del norte. Se fija sus objetivos.
⓫ 31 de octubre. Descubre agua en el compartimento estanco de proa. Poco después, choca con un gran tronco que flota a la deriva.
⓬ 2 de noviembre. Descubre una fisura en uno de los timones.
⓭ 5 de noviembre. Rompe el pinzote de la botavara. Activa el botón de presencia a bordo.
⓮ 8 de noviembre. Rompe el timón fisurado.
⓯ 9 de noviembre. Llegada a Basse-Terre.
60
50°
40°
30°
20°
30
20
10°
0°

tea también si algunos de estos naufragios no hubieran podido ser evitados. Trece peticiones de auxilio son muchos Maydays (ver Apéndice IV). Las Marinas de España, Gran Bretaña, Portugal y la misma Francia –las que han corrido con la mayor parte de los costes de las operaciones de salvamento– han hecho llegar ya sus quejas a la organización. Ésta se plantea incrementar las exigencias a los futuros participantes. Está decidida a exigir mayor experiencia que la requerida hasta ahora (500 millas en solitario en el barco en el que se participa). Y se impone un debate a fondo en el seno de las asociaciones de solitarios.

Si ésta ha sido la cruz, la cara de la Mini-Transat de 1999 ha sido la gran participación, reflejo del auge de la vela oceánica en solitario, que desbordó todas las previsiones. Si no había más de setenta solitarios en la línea de salida, fue sólo porque las autoridades marítimas francesas impusieron este límite. Las preinscripciones se amontonaban sobre la mesa de la organización.

Además de muchos navegantes franceses, que han dominado esta regata desde su inicio, en esta ocasión han participado regatistas procedentes de doce países distintos, algunos tan distantes como Australia, Nueva Zelanda y Japón. La Mini-Transat lleva camino, por tanto, de convertirse en una regata realmente internacional.

Esta edición de 1999 quedará también como la primera en la que se ha repetido vencedor. En esta ocasión volvió a ganar el primer clasificado de 1997, Sébastien Magnen, una proeza que nadie había conseguido hasta entonces. Y a punto estuvo el patrón del *Voile Magazine Jeanneau* de vencer en las dos etapas. Si no cruzó primero la línea de llegada en Basse-Terre fue por la rotura del mástil cuando tenía Guadalupe casi a la vista.

APÉNDICE IV

RELACIÓN DE MAYDAYS

Barco	Navegante	Causa Mayday	Navegante recuperado por	Estado barco
LTP Locanord	Attanasio Romain	Mástil roto	Helicóptero español	Desaparecido
Duchessa	Stéfano Paltrinieri	Pérdida quilla	Helicóptero español	Desaparecido
Kuntel	Xavier More	Colisión objeto	Helicóptero español	Desaparecido
Vulcamgas	Francesco Pellizza	Pérdida quilla	Helicóptero español	Desaparecido
Navifax	Hervé Gourdon	Barco volcado	Helicóptero español	Recuperado por mercante
Blue One	Paul Peggs	Vía de agua	Helicóptero español	Llegado a la costa bretona
Hotel B&B	Rodolphe Jacq	Mástil roto	Helicóptero español	Recuperado por mercante
Terre et Mer	Karen Leibovici	Mástil roto	Barco mercante	Recuperado por mercante
Pogo Loco	Jean Phillippe Le Maitour	Médica	Barco mercante	Desaparecido
Créaline	Sébastien Josse	Problema quilla	Barco acompañamiento	Desaparecido
Butterfly	Laurent Négrel	Mástil roto	Barco mercante	Desaparecido
Leclerc St Nicolas	David Raison	Problema quilla	Él mismo	
À chacun son cap	D. Gélébart	Barco volcado	Barco mercante	Recuperado por mercante

APÉNDICE V

CLASIFICACIONES

Prototipos

1	*Voile Magazine Jeanneau*	S. Magnen	24d 15h 11' 16"
2	*Sablières Palvadeau*	P. Y. Moreau	25d 01h 22' 01"
3	*Navman*	C. Sayer	25d 15h 06' 13"
4	*Armor Lux*	E. Tabarly	25d 21h 39' 42"
5	*English Braids*	A. Bennett	26d 13h 39' 25"
6	*Pour les Enfants du Monde*	B. Rohou	28d 09h 52' 20"
7	*Andora France*	J.M. Thellier	28d 13h 41' 02"
8	*Joséphine*	V. Tisseraud	29d 11h 46' 17"
9	*Escuela Náutica de Catalunya*	A. Bargués	29d 18h 34' 54"
10	*Hotel Vauban Camaret*	E. Grouhel	29d 20h 19' 28"
11	*Institut Curie*	G. Durousseau	30d 01h 11' 55"
12	*Ares Diffusion*	Y. Bestaven	30d 15h 35' 25"
13	*Pomi Finland*	A. Huusela	30d 15h 42' 51"
14	*Ymag PPL*	E. Canivenc	31d 05h 14' 34"
15	*Sebago*	J.M. Roux	31d 08h 59' 22"
16	*R Le Bras Aliments Morvan*	E. Renault	31d 18h 21' 33"
17	*Reality*	P. Heppel	32d 16h 14' 09"
18	*Exing 99*	R. Varinelli	32d 23h 23' 13"
19	*Aberdeen*	A. Cape	34d 19h 48' 58"
20	*Nescafé*	M. Le Fur	36d 15h 35' 27"
21	*Mer and Sea*	J. Petit	36d 15h 52' 54"
22	*Femmes Jazz Magazine*	A. Pedro da Cruz	37d 12h 32' 23"
23	*Hypomène*	R. Gélébart	37d 18h 34' 45"
24	*Mécenat Chirurgie Cardiaque*	L. Lemonchois	37d 19h 07' 49"
25	*Saramite TP*	A. Boissieres	40d 03h 34' 18"
26	*Poch Trot*	J.M. Lanussé	42d 17h 04' 13"

Serie

1	*Pogo*	C. Bouroullec	28d 13h 56' 04"
2	*Hansel*	C. Dietch	30d 02h 59' 24"
3	*Trio Ingénierie Météo Cons. Fr*	O. Desport	31d 21h 17' 32"
4	*Toubois*	I. Jameson	32d 03h 46' 49"
5	*Jeunesse en Plein Air*	L. Merlin	33d 16h 17' 52"
6	*Syndrome de Moebius*	O. de Roffignac	34d 03h 36' 59"
7	*Seafax Météoconsult*	J.B. Robert	35d 06h 27' 23"
8	*Hypérion*	C. Cals	36d 23h 56' 05"
9	*Orion*	T. Iwanashi	38d 03h 53' 20"
10	*Atlantic*	L. Régnier	39d 17h 57' 50"
11	*Exodus*	P. Auzou	45d 18h 56' 25"
12	*Mutuelle de la Mer*	G. Roger	46d 10h 34' 45"

Apéndice VI

LOS COLABORADORES Y EL EQUIPO

Patrocinadores

Escuela Náutica de Catalunya:
Ha sido, por su implicación, el patrocinador ideal. Su actitud abierta y su novedosa filosofía de escuela náutica encajaron perfectamente con los planteamientos del proyecto. Ha sido para ellos una excelente forma de darse a conocer dentro del sector náutico, y me siento muy orgulloso de haber podido colaborar en ello. En la Escuela Náutica de Catalunya se vivió intensamente la Mini-Transat con una implicación personal por parte de todo el personal que forma la Escuela.

Sams-C3:
En Sams-C3 apostaron fuerte por nuestro proyecto con el fin de entrar en el sector náutico. La alta tecnología y la calidad de las piezas de fibra de carbono que fabrican en Sams-C3 era la mejor carta de presentación para su implicación activa en el proyecto. La quilla, los timones, el botalón y la antideriva fueron algunas de las piezas que desarrollaron para el *Escuela Náutica de Catalunya*. Además Bernat Calpe, director de Sams-C3, no escatimó jamás esfuerzo alguno a la hora de aportar su experiencia y su preparación para llenar de ideas y soluciones los pequeños problemas que iban surgiendo durante la construcción del barco.

Instituciones

Generalitat de Catalunya:
Desde la Conselleria de Presidència nos abrieron las puertas de la Corporació Catalana de Ràdio i Televisió para garantizar un seguimiento del evento.

El Salón Náutico:
Todos quienes forman el equipo del Salón Náutico se entusiasmaron con el proyecto. Durante el Salón Náutico 99 organizaron un acto al cual asistieron más de cuatrocientas personas para oír mis experiencias vividas durante la travesía.

Consorci El Far:
Fue en las naves que nos cedieron de su astillero-escuela donde construimos el *Escuela Náutica de Catalunya.*

Real Federación Española de Vela:
Con su participación pudimos asegurar la inscripción en la regata y mi regreso en avión desde Guadalupe.

Centre d'Alt Rendiment de Sant Cugat:
Siempre han estado a mi lado en los proyectos que he emprendido y así ha sido con éste. Josep Font, en su trabajo de psicólogo, intentó poner orden en mi cabeza (tarea nada fácil) y me enseñó a rela-jarme cuando las circunstancias fueran difíciles y complicadas.

Centre Municipal de Vela:
Algunos remolques para salir de puerto y la grúa y el espacio para efectuar la botadura del barco completaron su interés por la evolución de todo el proyecto. Andor Serra, director del Centre, mostró siempre una excelente disposición a ayudarnos en lo que pudiéramos necesitar.

Empresas colaboradoras

Toni Tió Velas:
De su velería no sólo salieron las ocho velas del *Escuela Náutica de Catalunya* sino también un montón de ideas y apoyos. Toni Tió creyó firmemente en el proyecto desde un principio y se convirtió en uno de sus más acérrimos defensores actuando en varias ocasiones de introductor de embajadores.

SSM:
Esta empresa, con sede en Barcelona y especializada en seguridad marítima, aportó todo lo necesario y más para que me sintiera seguro y tranquilo durante la travesía. Fue además un detalle inolvidable ver a José Luis Rué y Diana Corominas en los muelles de Concarneau el día de la salida de la regata.

Mutua General de Seguros:
Fue la Federación Catalana de Vela quien nos abrió las puertas de la Mutua General de Seguros. Desde su departamento de Marketing apoyaron a fondo el proyecto dándome una gran tranquilidad y cubriendo con sus pólizas todos los riesgos propios del proyecto: la construcción, la botadura, el transporte y la travesía. Afortunadamente todo fue bien y nunca se tuvo que utilizar ninguna póliza.

Fontanals Composites:
Siempre, desde hace años, han confíado en mí y en mis proyectos. Aquí no podía ser menos y estuvieron a mi lado aportando materiales, servicio, experiencia y paciencia.

Viramar Nàutic:
Desde su almacen de Montcada i Reixac, la familia Serrano y Santi pusieron a mi disposición todos los cabos de la marca Liros necesarios para asegurar el buen funcionamiento del barco. Jamás se me rompió un solo cabo.

Pinmar:
Si a alguien hay que agradecer el brillo y la precisión de acabados de pintura del *Escuela Náutica de Catalunya* es a la diestra muñeca de los pintores de Pinmar. No escatimaron esfuerzos ni ilusión para dejarlo como un espejo. Era, sin duda, uno de los barcos mejor acabados de la flota de 6,50 y seguramente la más pequeña embarcación jamás pintada por Pinmar.

Empresas proveedoras

Plastimo:
Pusieron a mi disposición una larga lista de material de su extenso catálogo. Patrick Adraste, gerente de Plastimo España, me había echado una mano en la Mini Transat que corrí en el 87. En esta ocasión tampoco fallaron y allí estuvieron.

Imgesa:
Todo proyecto necesita imprimir una cantidad importante de documentos con vistas a hacerlo llegar al mayor número posible de personas. Enric Calvo, gerente de Imgesa y navegante, lo sabe bien y decidió colaborar imprimiendo todo el material que necesitábamos con calidad y rapidez.

Cat Mast:
Robert Vallribera, al frente de Cat Mast, apostó fuerte por el proyecto desde un principio. Los winches Andersen, parte de la jarcia y, sobre todo, el transporte del barco por carretera desde Barcelona hasta Concarneau en su largo remolque fueron algunas de sus múltiples aportaciones.

Frederiksen:
Toni Guiu, importador de Frederiksen en España, facilitó buena parte del material de cubierta del barco.

Manufacturas Nadal:
Sus adhesivos dieron color al blanco casco del *Escuela Náutica de Catalunya.*

Blanc & Boats:
Jordi Blanc, con quien compartí toda la vuelta al mundo a bordo del *Fortuna Lights,* nos facilitó, desde su tienda en el Port Olímpic, frente a la cual estaba amarrado el *Escuela Náutica de Catalunya,* todo el material necesario para la puesta a punto final del barco.

Jordi Salvany:
Creo que Jordi Salvany, desde su estudio de diseño gráfico, ha estado presente en todos mis proyectos desde el año 83. En esta ocasión pudo por fin poner todo su arte en el casco de un barco en el que yo navegaba. ¡Y el resultado no pudo ser más brillante!

Cava Jaume Creixell:
Carles y Elena, dos entusiastas navegantes y productores de cava, aportaron todo el necesario e indispensable para la fiesta de la botadura del barco que se hizo en el Port Olímpic. Fue un Magnum de su bodega el que, al tercer intento, derramó su contenido sobre el casco bautizando así al *Escuela Náutica de Catalunya.*

Medios de comunicación adheridos

TV3:
Desde la sección de deportes se interesaron mucho por el proyecto y se comprometieron a hacer un exhaustivo seguimiento que luego repercutió con la presencia en otros programas de temática variada, incluyendo algún que otro «Telenotícies». Fue incluso un presentador del boletín meteorológico de TV3, Tomás Molina, quien apadrinó el velero.

Catalunya Ràdio:
Deporte o no, les entusiasmó la idea de un hombre en solitario por el Atlántico. Antes, durante y después de la regata pasé por un gran número de programas de su emisora.

El Periódico de Catalunya:
Con ellos firmé un acuerdo de colaboración que se tradujo en un intenso seguimiento durante toda la regata y con la aportación de varias páginas para ir explicando las distintas fases del proyecto.

Yate:
La decana de las revistas del sector náutico y amante de la navegación en solitario no podía faltar a la cita. Germán de Soler, director de la revista, apostó de inmediato por el proyecto y los artículos periodísticos sobre la regata se vieron complementados con varias páginas de publicidad para que mis patrocinadores pudieran darse a conocer.

Latitud 42:
Santi Serrat, Cristina Barredo y todo el equipo de Latitud 42 aceptaron colaborar y participar en el proyecto aportando sus horas de trabajo y sus conocimientos en la creación de páginas *web.* Nuestra dirección en Internet fue un éxito de seguimiento debido, sin duda, al gran trabajo de Latitud 42.

Las personas

LUIS GUERVÓS	NACHO PELLA
EVA SNIJDERS	ISRAEL QUIJADA
IÑAKI GALILEO	PERE FORÉS
CARLES JORBA	TONI SOLÁ
RICARD BARGUÉS	MARC MATEU

ALEJANDRO BESEDNJAK

Y muchos, muchos otros que un día, pasando cerca del barco, echaron una mano o incluso compraron una camiseta. O incluso se llevaron unas cuantas para venderlas a sus amigos.

A todos, todos, todos ellos, muchas gracias. Sin ellos el *Escuela Náutica de Catalunya* no hubiese llegado al otro lado del Atlántico.

GLOSARIO DE TÉRMINOS NÁUTICOS

Alisios: Vientos procedentes del este muy regulares que durante buena parte del año soplan en las zonas tropicales de los océanos Atlántico, Pacífico e Índico.

Amollar: Soltar o aflojar un cabo del barco.

Amura: Cada uno de los costados de la proa.

Amurar: Efecto de hacer avanzar un velero con el viento incidiendo por una de las dos amuras. Navegar amurado a estribor significa que navegamos con el viento incidiendo por el costado de estribor de la embarcación.

Aproarse: Ponerse proa al viento.

Argos: Sistema de radiobalizas vía satélite mediante el cual puede conocerse la posición de un barco con una exactitud de escasos metros.

Arnés: Tirantes o chaleco provistos de un mosquetón que permiten a los navegantes quedar permanentemente unidos al barco en caso de caerse al mar.

Arribar: Apartar la proa del eje del viento; aumentar el ángulo entre el viento y la dirección del barco.

Asimétrico: Spinnaker no simétrico especialmente indicado en los largos, pero no en las empopadas.

Atracar: Es el término que define la maniobra de aparcar un barco junto a un muelle.

Babor: El lado izquierdo del barco, mirando de popa a proa.

Baby-estay: Cable que aguanta el palo desde un poco por encima de media altura hasta la cubierta del barco.

Bañera: Espacio hundido de la cubierta desde el cual se efectúan la mayor parte de las maniobras de velas, se lleva el timón y se accede al interior del velero.

Barlovento: Lado del que procede

el viento. En un barco siempre hay una amura de barlovento y otra de sotavento, que es la opuesta. Ganar barlovento es la capacidad de un velero de ganar millas contra el viento.

Borda: Canto superior del costado de un barco. Es la línea donde se unen el casco y la cubierta.

Bordo: Maniobra que consiste en cambiar el rumbo para que el barco reciba el viento de la otra amura. Echar bordos es una expresión coloquial que se usa cuando se repite a menudo esta maniobra.

Botavara: Palo horizontal que aguanta la parte inferior de la vela mayor.

Braza: Cabo que permite cazar el puño de barlovento de los *spinnakers*.

Botalón: Palo que sale desde la proa en cuyo extremo delantero se coloca el puño de amura de algunas velas de proa. En el *Escuela Náutica de Catalunya* permitía el uso de grandes *spinnakers* y asimétricos, y era de fibra de carbono.

Bulbo: Pieza de material muy pesado, normalmente plomo, que se coloca en la parte inferior de la quilla para mejorar la estabilidad de determinados veleros.

Bulón: Pieza cilíndrica maciza de acero inoxidable destinada a sujetar los terminales de los cables.

Burda: Cable que aguanta el palo por la popa a cada uno de los lados.

Cabo: Nombre genérico que reciben las cuerdas en un barco.

Caer: Arribar.

Calado: Profundidad a que llega la quilla, medida desde la línea de flotación.

Candelero: Soporte vertical alrededor del barco para proteger a los navegantes y facilitar su permanencia a bordo.

Caña: Brazo de acero inoxidable, madera o fibra mediante el cual se acciona el timón desde la bañera.

Carta náutica: Nombre que reciben los mapas del mar y sus costas, con los detalles necesarios para la navegación.

Cazar: Tirar de un cabo.

Ceñir: Navegar de forma que se reduzca al máximo el ángulo entre la dirección del barco y la del viento.

Compás: Brújula.

Composite: Material de construcción resultante de la combinación de resinas, fibras y espumas.

Cornamusa: Pieza que permite amarrar los cabos.

Corredera: Instrumento que mide la velocidad y la distancia recorrida.

Derivar: Perder barlovento como consecuencia de la corriente.

Deslaminar: Proceso inverso al del laminado. Normalmente se lleva a cabo despegando las pieles de fibra ya impregnadas de resina.

Drífter: Vela de proa de grandes dimensiones utilizada básicamente para navegar con vientos del través.

Driza: Cabo que permite izar las velas.

Engarruchar: Acción de enganchar los garruchos de una vela en el estay.

Escora: Inclinación lateral del barco, normalmente consecuencia de la fuerza del viento sobre las velas.

Escota: Cada uno de los cabos que permite cazar y amollar las velas.

Estay: Cable que aguanta el palo por proa.

Estribor: El lado derecho del barco, mirando de popa a proa.

Foque: Vela delantera.

Garrucho: Especie de ganchos con cierre automático que algunos génovas llevan en unos de sus lados para fijar dicha vela al estay.

Génova: Foque grande.

GPS (Global Positionning System): Conjunto de satélites que permiten conocer la posición de cualquiera de los instrumentos que se conectan a la red. El nombre lo reciben también cada uno de estos instrumentos.

Irse de orzada: Maniobra que efectúa un velero cuando, accidentalmente, el exceso de superficie vélica o una mala distribución de la misma llevan a la embarcación a orzar de forma incontrolada hasta dejarla casi completamente tumbada.

Izar: Subir una vela.

Jarcia: Conjunto de cables y cabos que aguantan el mástil y las velas.

Laminar: Proceso consistente en impregnar las fibras (vidrio, carbono, kevlar, etc) con resina. Con ello se consigue un cuerpo estructural de gran resistencia.

Largar: Amollar.

Latitud: Coordenada geográfica que determina la distancia entre un punto y el Ecuador. Puede ser norte o sur.

Línea de vida: Cable situado sobre cubierta al que se ata el arnés para mantener a los navegantes unidos al barco en caso de caerse al mar.

Línea de flotación: Línea determinada por la intersección del casco y la superficie del agua.

Longitud: Coordenada geográfica que determina el ángulo de esfera terrestre entre el meridiano de Greenwich y el punto en cuestión. Puede ser este u oeste.

Manga: Anchura del barco.

Mástil: Palo de un velero al cual se sujetan las velas.

Mayday: Llamada de auxilio efectuada desde una embarcación.

Mayor: Vela de un velero la cual tiene uno de sus lados unido al palo o mástil. Se llama mayor no por ser la de más superficie, pero sí por ser la vela principal.

Milla: Medida de longitud. Equivale a 1.852 metros.

Mosquetón: Anillo metálico que se cierra mediante un muelle.

Nudo: Medida de velocidad que equivale a una milla por hora.

Obenque: Cable que aguanta el mástil en sentido lateral.

Omega: Elemento estructural de un barco. Su sección es rectangular y cumple el papel de una viga.

Orza: Perfil dispuesto verticalmente bajo el casco de un velero destinado a contrarrestar el abatimiento. En los veleros modernos la quilla cumple también la función de orza.

Pantocazo: Golpe violento que da una embarcación contra el agua cuando cae desde lo alto de un ola.

Peeling: Cambio de una vela por otra.

Perfil de estay: Perfil de aluminio dispuesto alrededor del estay el cual dispone de una o dos gargantas para fijar en ellas los génovas. Es el sistema alternativo al de los garruchos.

Perilla: La parte más alta del palo o mástil.

Piloto automático: Aparato electrónico destinado a mantener el rumbo de la embarcación. Funciona mediante electricidad y toma los datos de una brújula electrónica.

Pasador: Pequeña pieza de acero inoxidable destinada a evitar que un bulón pueda salir de su sitio.

Pinzote: Pieza metálica colocada en el mástil en la que se encastra la botavara.

Planear: Acción de deslizarse sobre una ola y mantenerse en su cresta durante unos instantes adquiriendo velocidades excepcionalmente altas.

Prueba de adrizamiento: Prueba de estabilidad.

Prueba de estabilidad: Prueba que persigue saber si un velero será capaz de adrizarse en caso de que una ola lo incline hasta un ángulo predeterminado.

Pujamen: Lado inferior de una vela triangular. Es el lado que une el puño de escota con el puño de amura.

Puño de amura: Ángulo inferior de proa de una vela.

Puño de driza: Ángulo superior de una vela, al que se une la driza para izarla.

Puño de escota: Ángulo de popa de una vela, al que se une normalmente la escota para cazarla.

Queche: Velero de dos palos con el de popa más pequeño que el de proa.

Quilla: Perfil dispuesto verticalmente bajo el casco de un velero destinado a contrarrestar el abatimiento y a ser el contrapeso para evitar que vuelque. En los veleros modernos el lastre tiene forma de torpedo, es de plomo y está situado en el extremo inferior de la quilla.

Quilla pivotante: Quilla que tiene la propiedad de poder pendular sobre un eje dispuesto en el fondo del barco. De esta forma se desplaza el peso del bulbo al lado conveniente para poder contrarrestar parte de la escora del velero.

Regala: Borda.

Rizo: Para reducir la superficie vélica cuando el viento aumenta, la mayor (y algunos foques) dispone de unas fajas que permiten ir plegando la vela sobre la botavara dejándola así más pequeña.

Rolar: Cambiar el viento de dirección.

Rueda: Especie de volante de gran diámetro con el cual se gobiernan la mayor parte de los barcos.

Rumbo de colisión: Nombre que recibe el rumbo de dos embarcaciones cuando van camino de chocar.

Rumbo directo: El que nos lleva sin desvío a un punto determinado.

Rumbo efectivo: Trayectoria real de una embarcación medida sobre el fondo del mar.

Sable: Varilla de fibra de vidrio sometida a tensión para ayudar a mantener la forma de la vela.

Sarsat-Cospas: Baliza de emergencia que algunas embarcaciones llevan a bordo. Cuando se acciona, en tierra reciben una señal vía satélite que identifica el barco y lo posiciona con un margen de error muy pequeño.

SOS: Señal de socorro. En el mar recibe el nombre de Mayday.

Sotavento: Lado del que no sopla el viento. Lo contrario de barlovento.

Spectra: Material de gran resistencia con el cual se fabrican algunos de los cabos del velero.

Spinnaker: Vela, normalmente muy grande, que se usa con vientos portantes. Es especialmente difícil de controlar porque de sus tres puños o extremos, sólo uno (el que va unido a la driza) está fijo. Suele ser de colores.

Standby: Nombre que recibe un tripulante o grupo de tripulantes cuando, aun estando descansando, se hallan en situación de actuar inmediatamente en caso de necesidad.

Standard C: Aparato de comunicaciones vía satélite que permite la transmisión de datos. No transmite voz. Ocupa poco espacio y tiene un consumo bajo.

Tangón: Palo que se coloca entre el mástil y el puño de amura del *spinnaker* o del asimétrico (o del foque con el viento en popa), para mantenerlo en su posición.

Tormentín: La más pequeña de las

velas. Se coloca en lugar del foque y se reserva para situaciones de viento extremo.

Trasluchada: Maniobra de trasluchar. En ella la botavara pasa de un lado a otro de forma rápida.

Trasluchar: Maniobra que consiste en que la popa cruce el eje del viento. Es una de las maniobras más delicadas en un velero.

Través: El área situada a los costados de la embarcación.

Trimarán: Barco con tres cascos paralelos dispuestos longitudinalmente y unidos mediante unos brazos transversales.

Vendée Globe: Regata de la Vuelta al Mundo en solitario, sin escalas y sin asistencia.

VHF (Very High Frequency): Aparato de radio destinado a comunicaciones de corto alcance.

Viento portante: Dícese del viento que sopla entre el través y la popa.

Virar: Cambiar el rumbo del barco de forma que el viento provenga de la otra amura.

Whitbread: Regata de la Vuelta al Mundo por etapas con tripulación completa.

Winche: Dispositivo de maniobra situado en la cubierta de un velero accionado mediante una manivela y que permite, con su sistema interno de engranajes y desmultiplicaciones, tirar con gran fuerza de los cabos del barco.

ÍNDICE